JN074727

記憶と人文学

忘却から身体・場所・もの語り、そして再構築へ

Memory and the Humanities

三村尚央
Takahiro Mimura

小鳥遊書房

目次

第四章　思い出の品々

第五章　忘却と記憶

＊註は、各章ごとに通し番号で付し、該当見開きごとに記してある。

はじめに

記憶の人文学への門をひらく

「記憶は盲人の眼だ」

アーシュラ・K・ル＝グウィン『ギフト』

（谷垣暁美訳）

「君は僕にとって、まだ見ぬ理想の化身になったんだよ。私たち芸術家の記憶に美しい夢のように取り憑いて悩ませる理想の化身にね」

オスカー・ワイルド『ドリアン・グレイの肖像』（仁木めぐみ訳）

「なんだったかしら？　このかおりをわたしは知っている。甘く、なつかしいかおり……。いつか、どこかで、わたしはこのにおいを……」

筒井康隆「時をかける少女」

本書の目的と方法

私たちにとって記憶とは一体何なのか。それを一言で表すのは難しいし、考えてゆくうちにますますとらえがたくなってくる。ときには温かい充足感で優しく受け止めてくれる相棒のように、自分という存在を力強く支える柱にもなってくれるかと思えば、またあるときには荒々しく牙をむく獣のように襲いかかってくることもある、まことに気まぐれなものである。本書では記憶に関わる文化的な事象を取り上げて、読みはじめてくださった皆さんと、その不思議さを共に検証してみたいと思っている。なお本書は、記憶をめぐる冒頭の問いに対する唯一の正解を与えるものではないし、何らかの間違いをただすものでもないことはまずお伝えしておかなくてはならないのだが、取り上げる事例や議論を通じて、皆さんそれぞれの中で記憶をめぐる思索が始まるきっかけになればと願っている。

そのために、本書で扱う「記憶」とはどのようなものを指しているのか、大まかに述べておく必要があるだろう。比較的よく目にする辞書的な定義をまとめてみるなら、まずは「物事を忘れずに覚えている、または覚えておくこと。また、その内容」(『広辞苑』第六版)という個々人の記憶がある。これは過去の出来事についての、できるだけ正確な記録という意味で「コンピュータの中に必要なデータなどをたくわえておくこと」(『日本国語大辞典』第二版)にも近いものだということもできる。そして、過去が現在の自分におよぼす影響（「心理学で、生物体に過去の影響が残ること。また、過去の経験を保持し、これを再生・再認する機能の総称」（『大辞泉』）を指すこともある。これは過去（良いものだけでなく辛いものも）が生々しくよみがえり、現在の私たちに作用することを指すだけでなく、その記憶が再現されるたびに多少の変容を被る可能性も含んでいる。さらには「記憶の継承」という表現にも示されるように、個人にとどまらず人々のあいだで共有されたり受け渡されたりして、未来へと差し向けられるはたらきも、しばしば記憶の作用に含まれることがある。

　これらの定義を念頭に置きながら、本書を貫く三つの主題（テーゼ）を次のように示すことができる。

①記憶は過去についての記録というだけでなく、さまざまな印象や感情と絡みあう情緒的なものでもあり、私たちの現在にも影響をおよぼす（記憶の現在性）。

②記憶は想起される際に再構築され、その過程で変容や補正を被る可能性がある（記憶の再構築性と可塑性）。

③記憶は個人的なものである一方で、人々のあいだで共有され、伝播してゆくものでもある（記憶の個別性と共同性、および集合性）。

だが、このような辞書的な定義をしばらく敷衍してみれば分かるとおり、「記憶とは何か」を直接的な対象として考察し続けることは大変に難しい上に、その記述が抽象的な表現としては精度を上げてゆく一方で、私たちが日常的に抱く実感からはどんどん隔たってゆくようにも感じられてしまうだろう。したがって本書では、考察を具体的に展開・深化させてゆくため、記憶と関連づけられることの多い媒体である「写真」「身体」「場所と建築物」「思い出の品」「忘却」を各章で取り上げる。それらを足がかりとして、記憶をめぐる日常的な現象や過去の著述に加え、記憶をテーマとする（あるいはそのようにも解釈できる）物語や映画などのフィクション作品も題材とする。したがって、右の三つに④記憶は何らかの媒体（メディア）を介することでアクセスしやすくなる（記憶の媒介性）、を加えてもよいだろう。これら四つの主題（テーゼ）を通じて、本書が則る人文学的なアプローチがより明確になってくるだろう。

ここでその「人文学的なアプローチ」についてもある程度の方向性を示しておくことが必要だろうが、じつはこれを冒頭で明確に定義することは意外に難しい。そこでまず、本書がどのようなものでないかをあらかじめ述べておこう。本書は大脳生理学や認知科学などに期待されるような、人間の記憶の生物学的な性質を直接的に取り上げるわけではない。脳内現象としての記憶の仕組みと、それが私たちの主体性や人格におよぼす影響についての科学的知見も多く積み重ねられている。こうした成果は非常に興味深いものの、まだまだ未確定な部分が多いことに加え、科学研究の専門家ではない筆者の手にあまることをまず認めておく。とはいえ、そうした議論や書籍には刺激的なものも多々あるので、補註などで可能な限り紹介したい(*1)。

そして、このような科学的手法が、記憶の不思議を理解するための唯一の手段ではない、というのが本書の立場である。これらの科学的知見が活発に積み重ねられるより遙か以前から、記憶というテーマは洋の東西を問わず、哲学的思索や文学や神話などの物語、あるいは芸術の題材として、多くの人々の関心を引きつけてきた。本書が目を向けるのは、私たちの自己(アイデンティティ)の根幹を支え、人々のあいだでの営みを結び合わせる記憶というものがどのようにとらえられ、表現されてきたかという文化的な変遷を素描して、私たちにとっての記憶の意義と意味をとらえなおすことである。

古代ギリシャのプラトン(『パイドロス』や『テアイテトス』、『メノン』)やアリストテレス(「記憶と想起について」)はすでに記憶というテーマが喚起する世界認識の問題を自らの思想の題材としていた。とくにプラトンにおいては人間は記憶を介して有名な「イデア」という概念を把持すると考えられた。そしてキケロらの弁論術においては記憶が重要な要因として分類されていた。そまた文字として記録を残さなかった文化の遺跡、あるいは現代にも伝わっている神話や伝承、儀式や振る舞いの所作に、いにしえの人々の思想の痕跡を読み取ろうとすることにも記憶が関わっている。

このようにさまざまな文化のなかで多岐にわたって登場する「記憶」というテーマは、文学や社会学、心理学、人類学、考古学、歴史学などをまたぐ学際的な領域の総体としての「人文学」において、どのように扱われてきたのか。それらをあまねく網羅的にとはゆかないものの、本書ではその一端を分類してまとめ、今後の記憶研究発展への礎としたい。

記憶というテーマは、人文学分野においても近年とくに関心を向けられてきているし、その動向は二〇世紀後半には「記憶ブーム」(memory boom)[*2]と

(＊1) 導入的な概説書のうち興味深いものには、たとえばラリー・R・スクワイアとエリック・R・カンデル『記憶のしくみ』(上下巻、小西史朗・桐野豊監修、講談社ブルーバックス、二〇一三年)やアントニオ・ダマシオ『自己が心にやってくる——意識ある脳の構築』(山形浩生訳、早川書房、二〇一三年)、リサ・フェルドマン・バレット『情動はこうしてつくられる——脳の隠れた働きと構成主義的情動理論』(高橋洋訳、紀伊國屋書店、二〇一九年)などがある。

本書の手が届かない科学的なアプローチに明るい方々が、本書で展開される議論をあらためて科学的観点から精査あるいは補完してくれれば、学際性という面からもこれほどありがたいことはない。また、すでにおこなわれている試みの一部としては、エリック・カンデルの研究所ではたらいていた経歴もあるジョナ・レーラーの『プルーストの記憶、セザンヌの眼——脳科学を先取りした芸術家たち』(鈴木晶訳、白揚社、二〇一〇年)がある。

(＊2) アンドレアス・ホイスン(Andreas Huyssen)の *Twilight Memories* (Routledge, 1995)、p.5 参照。

も呼ばれ、さまざまな時代や地域における記憶表象および概念を分析する分野としての記憶研究（memory studies）へと結実しただけでなく、歴史研究の手法にも影響を与え、記憶という観点から過去についての記述を見直す姿勢を導入した。そうした学際的および国際的な共同研究の団体として記憶研究学会（Memory Studies Association）も設立され、個々の事例研究だけでなくそれらを結び合わせるための理論モデルの構築についても活発な研究活動がおこなわれている。(*3)

本書の各章は、こうした近年の学術的な記憶研究の成果も視野に入れながら、それぞれ身近にある題材、およびそれらを扱ったフィクション作品にも注意を向けて、「私、あるいは私たちにとって記憶とはどのような意味をもつのか」という問題を考えてゆく。個人的な記憶の総体が、さまざまな形で現在の自分を支える基盤となっており、それなしでは日常生活を送ることもままならないほどに重要であることは言を俟（ま）たない。だが一方で、その重要なものが、しばしばあいまいで頼りないことも身に沁みている。では、この「信頼できない記憶」は、より正確な過去の記述としての「記録」に近づくべきなのだろうか。そのような根本的な問いに加えて、こうした記憶が各自に個有の個人的なものでありながら、それがすでに、ある種の共同性によって支えられていて、周囲との共同社会を作り上げる蝶番（ちょうつがい）ともなっていることにも目を向けるべきだろう。

歴史が人間におよぼす影響を思索のテーマの一つとした二〇世紀ドイツの思想家ヴァルター・ベンヤミンは、過去の記憶を想起する方法を、「埋もれている自分の過去に近づこうとする者は、発掘する男のように振舞わなければならない」(一九九〇[*4])と考古学的な発掘にたとえて表現する。彼は「一九〇〇年頃のベルリンの幼年時代」[*5]など、自分の幼少期のエピソードをしばしば思索の題材として取り上げるが、それらは彼個人のものであると同時に、そうした些細な具体的断片たちが、彼の生きていた時代が共有する思想や概念にもつながっていると考えていたからである。

このような記憶の集合的性質は、個人を超えた「共同体の記憶」や「国家(国民)の記憶」(national memory)とも関連づけられる集合的記憶(collective memory)という概念にもつながっている。そこで扱われる記憶は甘美な個人的ノスタルジアとは一線を画した、しばしば峻烈な政治性を伴うもので、こ

(*3)アストリッド・エアル(Astrid Erll)の *Memory in Culture* (Palgrave Macmillan, 2011)は記憶を学術的な研究対象とすることの意義やその手法について概略しており参考になる。

(*4)ヴァルター・ベンヤミン「発掘と追想」岡本和子訳(『ベンヤミン・コレクション6』(浅井健二郎編訳、ちくま学芸文庫、二〇一二年)所収)

(*5)ヴァルター・ベンヤミン「一九〇〇年頃のベルリンの幼年時代」浅井健二郎訳(『ベンヤミン・コレクション 3』(浅井健二郎編訳、ちくま学芸文庫、一九九七年)所収

うした領域では記憶の「倫理」や「責任」も考察の対象となっている。現在ドイツでは記憶研究が活発におこなわれているのだが、その大きな動因は、一九四〇年代にナチスによっておこなわれた「ホロコースト」という過去の巨大な暴力の記憶とどのように向き合ってゆくべきか、という大変にデリケートな問題である。当事者の多くが亡くなり、残された生存者も高齢化が進むなか、いかにしてその記憶を具体的に継承するのか（あるいはしないのか）、という問いは即座に明快な答えが出せるものではないが、ホロコースト以後に生まれた人々が自分たちの問題としてそれを引き受け、そして巻き込まれて（implicated）いる。こうした蓄積は別の地域での類似した問題、たとえばアメリカにおける奴隷制や、オーストラリアなどでの植民地化による先住民族への蹂躙（じゅうりん）、日本や韓国における慰安婦をめぐる過去をとらえ直すきっかけともなっている。[*6]

　この小著で紹介する題材を通じて、「私たちは自分の記憶、あるいは他者の記憶とどのように付き合ってゆけばよいのか」、そのような問いについて各自が考えを深めるきっかけになればとも願っている。本書では先に挙げた記憶の主題（テーゼ）たちに関わる、現在と過去、正確さとあいまいさ、個別性と共同性をめぐる事例を取り上げてゆく。

各章の概要

まず第一章では、写真を題材に過去の想起が私たちの現在に与える影響を考察してゆく。写真加工技術が進みフェイクまで簡単に作れるようになった現代においては、過去の一瞬をありのままに記録して、それを事実として後に伝えるという、写真がかつてもっていた意義はほとんど風前の灯火である。だが、写真技術の誕生期から、著述家たちの思索の対象となってきたのは過去の正確な再現としての写真だけでなく、むしろそこにつねに含まれる加工や再構築の可能性でもあった。本章では、人々をとらえてきた写真というメディアのこのような写実性と魔術性が、人間の精神構造における意識と無意識、および現在と過去との往還についての考察を深めてゆく刺激となってきたことを概観する。ルイス・キャロルやマルセル・プルーストなど、実際にカメラに親しんでいた著述家にも触れながら、彼らが写真を事実の記録か加工かという「真／偽」の対立としてではなく、それらが混淆した多重性としてとらえていたがゆえに、肉眼で日常的に見ている世界からはこぼれ落ちている、非日常的な異貌を現出あるいは幻出させる「機械の眼」に魅了されていたこと

（＊6）たとえばマイケル・ロスバーグ(Michael Rothberg)の *Multidirectional Memory* (Stanford UP, 2009)や *The Implicated Subject* (Stanford UP, 2019)を参照。

を見てゆく。そして過去の一端をありありと切り取るこの新しい技術は、興味深いことに現在や未来ではなく過去への郷愁（ノスタルジア）を強めるものでもあった。この章では、こうした写真的想像力が反映された作品として萩原朔太郎の短篇「猫町」やW・G・ゼーバルトの『アウステルリッツ』を紹介する。

第二章では、身体と記憶との結びつきを取り上げる。記憶の想起は脳内で起こる現象にすぎない、という主張にある程度の理は認めながらも、私たちにとっては、それ以上の身体的感覚と切り離せないものとしても立ち現れる。思い出に残るほどの強い身体的刺激をともなう記憶は、それを味わう舌や握り合う手自体が思い出すかのようにも感じられる。この章では、そうした感覚によって喚起される記憶を扱った、フィクション作品や実体験を記したエッセイの記述を取り上げてゆく。このようなテーマでは、紅茶にしっとりと浸したプチット・マドレーヌによって、主人公が幼少期をすごしたコンブレーでの懐かしい記憶が甦ってくる、いわゆる「マドレーヌ体験」をはじめとする数々の記憶の諸相をとらえるプルーストの『失われた時を求めて』を外すことができないのはたしかである。さまざまな過去の断片が忘却の淵から立ちのぼってくる様子を、プルーストは印象的な隠喩（メタファー）をふんだんに用いて鮮やかに描き出していて、しばしば味覚や触覚などの身体感覚がそのきっかけ（トリガー）となっている。そしてこの章で注目したいのは、そのような身体的感覚と結びつけられる記憶が「身体に刻み込まれている」とも表現されるように、非常に鮮烈で強力なものでありながらも、その再来が決して意のままになるものではなく、多くは偶然にゆだねられている点である。『失われた時を求めて』で「意志的記憶」と「無意志的記憶」と区別されていたように、そうした記憶は何とか思いだそうとする私たちの手をすり抜けるように、あっという間に逃げ去ってしまい、そしてそのような努力をからかうように、思いがけないときにその鮮やかな姿を現す。このような不如意さは、私たちの存在がいかに当てにならない面を備えたものに依って立っているかを思い知らせる。また、私たちの身体と記憶との結びつきがすべてプルーストに還元されてしまうものでもないはずで、それこそ各者各様、千差万別である。記憶と身体との関連性を考察するにあたり、プルーストの喚起するテーマがさまざまな著述家の思索でどのように展開されているかも概観する。

第三章では、記憶と「場所」および「建築物」とのつながりを取り上げる。かつて行ったことのある場所に足を踏み入れると、そこにまつわる個人的な記憶が生き生きと蘇ってくることは日常的に経験される。このような記憶と「場所」や「建築物」との関連づけを利用していたのが、古くからおこなわれてきた記憶術である。古代の弁論術においても用いられていたこの技法は、覚えたい内容を見知った場所と結びつけて、頭の中に強く印象づけるというものであった。記憶術の歴史についてはフランセス・イェイツをはじめとして、すでに多くの優れた研究成果が著されており、本書でもそれらを参照しながら概略してゆく。それは自分のものでありながら思いのままにならない記憶を、意志と技術によって制御しようとする試みだったと言うこともできる。

だが、コンピュータなどデジタル技術の発達によって、人間の頭脳など到底かなわないほどの膨大な情報が正確に保持される現代においては、この章で紹介する記憶術は不安定で迂遠なものにしか思われないし、この手法自体は桑木野幸司が『記憶術全史』で述べるようにヨーロッパでは一七世紀を境に衰退してゆく。(*7) それでも、記憶術において強調された記憶と場所および建築的構造との空間的結びつきは現代まで生き延び続けている。記憶をめぐる物語において古い記憶が、頭の中の引き出しの「奥」や、意識の「地下深く」にあるかのように表現されることも多いのは、私たちの記憶の生物学的な仕組みの実情を反映しているからではなく、記憶術にはじまるこのような文化的イメージが受け継がれたものであることを示している。また、世界を秩序立てて理解するための記憶術という技法が必要とされていたことは、人間の記憶が情報をそのまま覚えておく丸暗記が本来的には向いていない(あるいはその容量が限定的)ことも同時に示しているようにも思われるのだが、そのような対比は本書の後半での議論でとくに強調される記憶の「正確さ」(あるいは不正確さ)とも関わっている。

第四章では「記憶の物品」を取り上げる。幼少期の品を思いがけず見つけ出して、久しぶりに取り出したときには、しばしば強いノスタルジックな情緒が喚起される。ときにそれは非常に強力で、あたかもその物品から記憶があふれ出てくるように感じられ、懐かしさと不安の入り交じった戸惑いすら覚えることもあるが、そのような取り戻せない過去へのノスタルジアは、あまたのフィクション作品の題材ともなっている。この章で注目したいのは、思い出の品々とそれらが喚起する記憶との結びつきは、極めて私的である一方で、遺跡の遺物や、博物館に陳列される証拠物のように、それが置かれていた「文脈（コンテクスト）」あるいは「物語（ナラティブ）」を他者とのあいだで共有することが可能な点である。また、記憶の物品を介して、記憶が個人の枠を超えて人々のあいだで伝達・共有されて集合的記憶へと拡張されてゆく現象も取り上げる。

ときに私たちは強い意志をもって、血縁であるかにかかわらず自分たちの次の世代に記憶の物品を受け渡そうとする。その際には、それが自分たちにとってどのような意味をもつものであるかを併せて伝えることが必要で、その物品がくぐり抜けてきた状況や文脈の物語を通じて、生物学的な記憶のメカニズムとは別の仕組みで記憶が「継承」される。こうした物品に対して、共同体あるいは社会に保持された「記憶」という表現が用いられることもあるが、このような言い回し（レトリック）は広い意味での記憶の作用を表している。そして、この

（＊7）桑木野幸司『記憶術全史――ムネモシュネの饗宴』（講談社選書メチエ、二〇一八年）、二八〇頁

ように伝わってきた記憶の「もの語り」を受け取った私たちは、ある意味でそれを「思い出す」、すなわち物品とともに受け取った文脈（コンテクスト）あるいは物語（ナラティブ）を自分のものとして経験し直すのである。

最後に第五章と第六章では、記憶と忘却の関係、およびそれに伴う記憶の倫理の問題に焦点を当てる。伝承や文書、書籍、写真そして近年のデジタル化にいたるまで、さまざまな形で個人のライフスパンを超えて私たちは記憶を継承してきたが、それは忘却に対する記憶の勝利などではなく、本質的にはつねに勝ち目のない後退戦である。個人の人生についての記録（ライフログ）は飛躍的に向上しているものの、すべての人のすべての記憶を保持しておくことはできない。仮にそれが実現したとして、そのような記憶の総体を渡された者はその膨大さに自失し、自分の新たな記憶をそこに付け加えることを放棄するだろう。また、過去の歴史の重みから個人を救う「幸福な忘却」（ニーチェ）の可能性がある一方で、適切に忘却することの困難も私たちはしばしば体験する。「覚えておくべきこと」という何気ない言表にも、「覚えておかなくてよい」あるいは「忘れた方がよい」とされるものとのあいだでの線引きあるいは選別がセットされていることを思い浮かべれば、それらがつねに「誰に、あるいはどの集団にとっての」という限定の問題でもあることが理解できるだろう。

「忘れたくない」と思っていたことが思い出せなかったり、「忘れてしまいたいこと」がいつまでも消えなかったりと、個人の経験内での記憶と忘却の制御（コントロール）の困難は私たちの身に沁みているが、それが自分以外の誰かによっておこなわれることにも強い抵抗を覚える。第六章で取り上げるジョージ・オーウェル『一九八四年』の例が顕著に示すように、覚えておくべきこととそうでないこととの選別と、過去についての記憶および記録の改ざんや捏造という行為は、権力による個々人への深刻な介入へとつながっている。私たちは「完全な記憶」と「完全な忘却」という両極のあいだをたゆたい続け、その波に洗われながら記憶を（ときには創造的に）再構築し続けることを宿命づけられているが、そのなかで何を覚えておくべきか、あるいはそれをどのような形で同世代と共有して、次世代へと受け渡してゆくか、という「記憶の倫理」の問題が近年大きく取り上げられるようになっている。

その一つがドイツにおけるホロコーストの記憶の問題である。一九四〇年代にナチスによっておこなわれたおよそ六〇〇万人にもおよぶユダヤ人の組織的虐殺の過去は、七〇年あまり後の現在のドイツにおいても切実な問題であり続けている。有名な「躓きの石」プロジェクトなど、忘れてはならないことを「正しく覚えておく」ことを念頭に置き続けようとする行為は当事者の減少と高齢化が進む現代においてこそますます真剣なものとなっている。このような姿勢はドイツ以外にも拡散して、各国における内戦や紛争といった「ホロコースト的問題」を考察する契機となる一方、それらをホロコーストへとなぞらえてしまうことの弊害も指摘されているが、このような活動が当時の経験者や関係者だけでなく、多くはそれ以降に生まれた者たちに継承されて活発に検証されていることは注目に値する。

また、第六章では広島の被爆者たちの経験を高校生たちが絵にしてゆく「原爆絵」の再生プロジェクトを紹介するが、これは被爆者の記憶を具体的な形で物質化して共有する方法の一つと言える。実際に経験した当事者にとっては辛すぎて、自分ではとてもそのまま表に出すことができず、別の人へと不完全な形で託すことでしか表現できない（向き合えない）記憶がある。そしてその記憶を受け取る者は、実際には経験していない出来事を自分のものとして「思い出す」ことで、その「手触り（テクスチャー）」を絵画として物質化する。このような経験は、私たちがいかにして自分のものではない物語——それが他者の実体験であれ虚構的（フィクショナル）なものであれ——に深く関与（コミット）することができるのか、という謎を考えてゆくきっかけにもなるだろう。他人の物語を我慢強く聞くどころか、それを自分のものとして引き受けて経験し直し、享受することさえできる、人間だけがもつ驚異的な能力である。

本書では、記憶をめぐるさまざまな現実社会における事例や記憶を補完するための技術や物品などとともに、記憶をテーマとするフィクション作品にも触れてゆくが、それは記憶という私たちにとって決定的に重要なものでありながら、決して意のままになることのないものを何とか理解し、可能な限り制御（コントロール）したいという飽くなき欲求の現れでもある。ＳＦの小説や映画では、記憶の完全な形での長期保持や外部媒体への保存、あるいはその移植やねつ造というテーマは一つのカテゴリーを形成するほどに作品が生み出されている。そこで描かれる一見現実離れした特質も、私たちが日常的に触れる記憶の性質に根ざしていて、私たちが自分の記憶と日々向き合うことで抱く記憶に対するイメージ、あるいは不自由さを想像力で補ったものである。本書でもそのような肥沃な領野の一端を紹介して、読者の皆さんが自分にとっての記憶の意味と意義を研究しはじめるきっかけになればと願っている。

ではさっそく、「写真」にまつわる現象を手始めに、「記憶の人文学」の扉を叩いてみよう。

第一章

写真と記憶、記憶の写真

写真の隔たり（ディスタンス）

タイムスリップ写真という興味深いものがある。子ども時代など昔に撮った写真と同じ場所で、極力同じ服装、同じポーズで撮影するだけのものなのだが、これがツイッターやフェイスブックなどのSNSでも二〇一〇年代の終わり頃に大きな話題となった。こうしたモチーフは、女優高畑充希が自らの子ども時代を過ごした祖母の家を再現したなかで撮影された写真を用いたかんぽ生命の広告にも登場した(*1)。このタイムスリップ写真、以前の写真(*2)と現在におけるその再現写真が並べられているだけなのに、昔に撮られたオリジナル写真単体だけを観るよりも、私たちの気持をずっと激しく揺さぶる力をもっているのだが、それはなぜなのだろうか。

SNS上でのコメントには「懐かしい」「気持がほっこりする」というものも多く見られるが、これは非常に興味深い。まず、自分が写っているわけでもないし、直接の知人のものでもないのに、それを観るとなぜか「懐かしい」という気持にさせられる現象を多くの人々が共有していること。たしかに私たちは他人の昔話にしばしば耳を傾け、たとえ自分とはまったく違うものであっても、それを自分自身のものであるかのように、楽しむことをしばしば経験する。そしてさらに注目すべきは、二枚の似て非なる写真が並べられることで、ただ昔の写真を一葉眺める場合とはまた違った情緒的効果が生じているように感じられることである。その感情はおそらく、並置された写真のあいだを私たちの視線がたえず往還して、そこに流れた「時間」の存在感が際だち、写真を観る私たち自身の存在が振幅させられることで生まれているのではないだろうか。

タイムスリップ写真を観たり、あるいは自分で撮ったりするときに抱く気持は、私たちが自身の過去の記憶と向き合うときの情緒ともおそらく深くつながっていて、それが必ずしも「ほっこりした」温かいものだけではないこともよく教えてくれる。もちろん過去の写真は当時のあり様を保存していて、自分が「たしかにそのようであった」ことをノスタルジックに思い出させてくれることは疑いない。だがその一方で、その過去の時点は現在からは隔てられた、決して取り戻せないものであり、現在におけるその再現の試みは、どれほど精密におこなっても同一のものにはなりえず、似て非なるものにしか

（＊1）「高畑充希さんの幼少期写真を完全再現！ かんぽ生命広告「人生は、夢だらけ。」第三弾が開始～メイキングムービーも公開」（2017/3/1）https://netatopi.jp/article/1047062.html

（＊2）一五年以上前であることが望ましいという意見もある。「『タイムスリップ写真』ネットで拡散中　雑誌の企画に思わずほっこり」（2017/02/02）https://withnews.jp/article/f0170202000qq00000000000000W00o10101qq000014649A)

ならないことを痛切に突きつけてくる。すなわち、過去の記憶を現在において想起し、種々の様式で再現することとは、過去との距離を消して埋め合わせることではなく、その隔たりと向き合うことでもあり、結果的に、その行為は現在の自分とその当時の自分とのあいだにある隔たりをめぐるものにもなるだろう。

過去の記憶と向き合う行為の現代的な一例としてタイムスリップ写真を取り上げたが、写真という装置は一九世紀はじめのヨーロッパでの誕生以来、多くの著述家を刺激してきた。それらの思索は「写真は一体何を写し出しているのか?」という問いに関わるものだとも言える。すなわち、印刷されている(と限らないのは現代の場合であるが)一葉の「写真」が、そこに写された「被写体」、それを撮った「撮影者」、およびその写真を観る「鑑賞者」と結ぶ多様な関係である。たとえばタイムスリップ写真では、写真に写る被写体と、それを観る鑑賞者との関係に焦点が当てられる。もとになる写真を模して、年月を経た後にもう一枚の「不完全な複製」を作成することが意味するのは、被写体の人物たちにとっては、もとの写真に写された「過去」は決して取り戻すことができないという厳然とした事実である。そして、並べられた似て非なる二枚の写真を鑑賞する私たちにとっても同様で、過ぎ去った今だからこそその大切さが強く実感されて、その時期に近づこうと時間の不可逆性に真剣に挑む姿が私たちの心を動かす。

写真と記憶との関係をより明確にするため、現代におけるタイムスリップ写真とも関連するものとして、写真論の古典の一つである、二〇世紀フランスの文化批評家ロラン・バルトの『明るい部屋』[*3]を取り上げよう。洒脱な語りで写真の本質に鋭く切り込むバルトのこの写真論は、写真が写し出している過去はたしかに実在した(「《それは=かつて=あった》」(バルト 九四))が、いまはもうそれが存在していない、という実在と不在のあいだの宙づり状態にあることを議論の核の一つとしている。繊細な薄い一枚の紙(あるいはスクリーン)に写し出される画像は過去を当時のままに鮮明に写しだしてくれるが、私たちがそれに深く見入ってしまうのはその明晰さだけでなく、それがじつは過去に存在したものの「痕跡」にすぎず、その対象はすでに不在なのだという冷徹な事実のためである。

その一節に彼の母親との関係をめぐる「温室の写真」と題されたものがある。バルトは年老いた母親と暮らしていたが、彼女を看取った後に遺品の整理をしていたところ、母親が幼い頃の写真を見つけて激しく心を揺さぶられる。そこに写し出された姿は、当然息子であるロランが生まれる以前のものであるが、そのイメージは彼がよく知っている母のものだった。つまり、その少

(*3)ロラン・バルト『明るい部屋――写真についての覚書』(花輪光訳、みすず書房、一九八五年)

女の立ち振る舞いには、後に息子のバルトにとって馴染みのものとなる「母親の本質」がすでに表われているどころか、「母の実体を構成するありとあらゆる属性が盛り込まれている」（八四）ことを彼は感じ取ったのである。そしてさらに重要なのは、その姿（イメージ）は息子が晩年の母親と結んでいた関係とも一致するものだったことである。かつては強かったのに老いて衰弱した母親を看病しながら、息子は彼女が「私の小さな娘」になっていたことを実感していて、写真に写った少女はまさしくその記憶のイメージと一つになるものだった。

　母を失った後に彼女の少女時代の写真と出会って「時間を遡る」（八五）ことで、現在と過去のあいだでの遠近法の中での二重視によって、彼はそこに「母のあるがままの姿を見出した」（八六）のだということもできる。『明るい部屋』には数多くの印象深い写真が掲載されているが、じつはこの「温室の写真」は載せられていない。それはもちろんこの母の写真が極私的なものだというだけではなく、その写真を観ることで彼に生じた効果は、写真の映像だけでなくバルト自身が母に対して抱く個人的印象と深く結びついたものであり、写真を掲載するだけではその効果を読者の内奥に再現することができないのを彼自身がよく分かっていたからではないだろうか。そしてこのエピソードは、写真が写し出すのはプリントされた視覚イメージだけでなく、それを観る者の情緒的イメージなどもその薄い表層に複合的に重ね合わせられているのだということをよく伝えてくれる。つまり、その鮮明な映像イメージがそれと関わる記憶を受け止める容器となっているのである。

写真と記憶の真実らしさ（真正性）

写真を通じて、過去の記憶とそれを想起する現在の私たちとのあいだに生じるさまざまな感情や思索について考察しているが、その源泉となっているのは、そこに写された被写体と、それを写す撮影者、およびそれを観る鑑賞者との関係性であることは先に触れた。付言するなら、そこには各々が対象に抱く多様なイメージとの複雑な関係も関わっている。そこに「何が」写っているのか、というだけでなくそれを「どのように感じる（あるいは感じていた）か」ということである。

写真が備えるそのようなイメージの複層性は、過去の事実の「証拠」として写真が用いられる場合にはより一層の注意が必要である。一瞬で過去の一場面を切り取る写真の明晰な客観性は、思い違いを含む記憶の主観的なあいまいさとは対照的に映る。たしかにカメラは肉眼で見ていたときには見落としていた些細な過去の欠片さえとらえていることがあり、その明晰さは出来事の当事者の記憶もしのぐほどに冷酷でさえある。だが私たちがよく知るように、過去の証拠として提示される図像が切り取られるプロセスはおよそ客観的なものとは言いがたい。思想家スーザン・ソンタグは『写真論』[*4]のある一節を「写真は証拠になる」という言葉で始め、記録写真がもつ「真実らしさ」（一二）にはそれを撮った撮影者の意図や解釈（そして「趣味や良心が命ずる無言の声」）がつねに伴っていることに私たちの注意を向ける。

そのような意図や解釈に沿うように世界が切り取られ、ときにはそれに適うまで撮り直されることもある写真は、本書で何度も触れることになる記憶の「（再）構築性」にも通じるものだと言える。この点で写真は、絵画や散文によるデッサンと対立するものではなく、それらと同様に「芸術」と「真実」のあいだでのやりとりを通じて自身がまとう「メッセージ」（一三）を立ち上げているのである。そして一見どれほど無謬のものであっても、写真がそれを観るものに伝えてくるイメージがこうした構築性を背景としていることをソンタグは写真の「攻撃性」と呼び、カメラで写真を撮る行為を表す“shoot”が「撃つ」を意味することにも私たちの注意を喚起している。

写真を撮る行為とは、出来事から離れたところにいる不介入などではなく積極的な介入なのだ、というソンタグの議論を（批判的検証も交えながら）引き継いで、ジュディス・バトラーは写真によるイメージ戦略の重要性が現代においてはますます増大していることを『戦争の枠組』[＊5]で取り上げている。

彼女はイラク戦争時にイラクのアブグレイブ刑務所でアメリカ軍関係者によっておこなわれたイラク側の捕虜に対する虐待写真を例に挙げる。それらの非人道的な行為を写した写真が伝えるイメージは、撮影者の明確な意図と解釈に基づいて「カメラのアングル、構図（フレーム）、ポーズをとった被写体」を通じて構成されたものであることを示していると論じて、「この写真をとった者たちが、戦争の観点に積極的に参加し、それを練り上げ、ひとつの見方をつくりあげ、推奨し、批准していた」（バトラー 八八）と述べる。つまり写真は過去の事実をありのままに伝えるというよりは、それを切り取る撮影者による「枠組（フレーム）」にかなりの程度規定されるだけでなく、その枠組は写真を観る者にもはたらきかけてくるのだと強調する。そのような相互作用を彼女は「写真自体が解釈を構造化する場になる」（九〇）と表現する。バトラーの議論は写真を含むさまざまな表現メディアがそれ自身の「枠組（フレーム）」による解釈にもとづくイメージを生成するようにはたらくだけでなく、それが私たちの思考の枠組にも作用して変容させる力をもっていること、すなわち人為性を含んだ枠組によって切り取られた写真がもつ「真実らしさ」（真正性）にも展開されている。

ではこのような写真をめぐる思索が、記憶をめぐる本書とどのように関連するか確認しておこう。過去の一瞬を切り取った写真が否応なく突きつけてくる証拠としての「真実らしさ」は、それを撮るものの解釈や思考の枠組に規定されているだけでなく、それを観るものがもつ枠組とも共鳴したり、場合

（＊4）スーザン・ソンタグ『写真論』（近藤耕人訳、晶文社、一九七九年）

（＊5）ジュディス・バトラー『戦争の枠組』（清水晶子訳、筑摩書房、二〇一二年）

によっては変容させたりする介入的な力を備えている。その点は、ある過去について私たちが個別にもつ記憶のイメージにも通じている。つまり記憶も、そのときに自分が抱いた印象や感情も含めた当時の出来事をそのまま記録しているだけではなく、その記憶の色合いはさまざまな後知恵(hindsight)によって編集されたり再構築されたりするもの[*6]なのである。

そしてさらにやっかいなことに、そのような改変可能性(可塑性)を大いに含みながらも、想起された記憶の「真実らしさ(本物らしさ、真正性)」(authenticity)は、しばしば記録としての写真と同様に抗いがたいもので、その記憶が喚起するイメージや感情は「そのとき自分はたしかにそれらを経験していた(はずだ)」という強い説得力をもっている。記憶も写真もそれを観るものの主観によって印象が変化するだけでなく、私たちが思いもよらなかったものを突きつけてくる。本章の以降の節では過去のイメージとしての写真と記憶に共通する要素として、これまで述べてきたイメージの多層性と、「証拠」としての「真実らしさ」に加えて、肉眼ではとらえることのできなかった死角(無意識)を写す機械の眼としての働きにも着目しながら、写真というメディアがその誕生以来、過去や記憶についての私たちの認識の「枠組」にも大きな影響をあたえてきたことを概観してゆきたい。

写真の写実性（リアリズム）と魔術性（マジック）に魅せられた作家たち

写真技術が登場間もない頃には、過去の一瞬を「見たまま」にとらえるだけでなく、肉眼ではとらえられないものを写し取ることも期待されていた。それは後述するように、現代からみれば疑似科学的な過剰さを帯びることもあったが、過去に実在した一時点をただとらえるだけではない働きへの期待は、記憶も含めた当時の人間の精神構造のモデル構築に大きく寄与していた可能性がある。

写真論のもう一つの古典である『写真小史』(＊7)でドイツの思想家ヴァルター・ベンヤミンは、その機能の特質を「視覚における無意識」をとらえることと表現した。彼は「カメラに語りかける自然は、肉眼に語りかける自然とは異なる」ものだという独特の言い回しで両者を区別しつつ結びつけて、「人間によって意識を織りこまれた空間の代わりに、無意識が織りこまれた空間」（ベンヤミ

（＊6）フロイトの精神分析では事後性（独：Nachträglichkeit　英：afterwardsness）の概念としても知られる。また心理学者ダニエル・シャクターは『なぜ、「あれ」が思い出せなくなるのか』（春日井晶子訳、日経ビジネス人文庫、二〇〇四年）で記憶が想起される際の編集（偏向）（bias）についてさらに詳細な分類を提示している。

（＊7）ヴァルター・ベンヤミン『図説　写真小史』（久保哲司訳、ちくま学芸文庫、一九九八年）

ン『写真小史』一七）がカメラを通じて立ち現われるのだと表現した。彼によれば、肉眼による視覚からこぼれおちて見えないもの、すなわち「視覚における無意識的なもの」が写真に写しだされる現象は、「衝動における無意識的なものが、精神分析によってはじめて知られるのと同様」（一八）なのである。それはつまり、当時は見ることができなかったものを、写真によって「あのとき、たしかにそこに在ったのだ」と後から「思い出す」という不思議な行為だということもできるだろう。それはまさしく魔術的（マジック）な技術（アート）であった。このような肉眼の視覚によってとらえられる意識的なものと、機械の眼によってとらえられる無意識的なものとの神秘的な対比関係はその草創期から多くの人々の関心を引きつけてきた(*8)。私たちが日常的に見ているものの奥や裏には、肉眼ではとらえられない層が秘められているという世界の多層性についての考えは、以前より顕微鏡などの光学機器の発達により醸成されていた(*9)が、写真技術の誕生はそのような多層的な世界のイメージを決定的なものにしたといえる。

日ごろ何気なく見ているものが垣間見せる非日常的な異貌は、私たちと対象とのあいだの隔たり（distance）を際立たせ、見知っていたはずのものをしばしば「不気味なもの」（フロイト）とする。だがその一方で、いままで見たことのなかった眺めを「懐かしい」と感じることもある。明治から昭和にかけての日本の近代化のなかを生きた萩原朔太郎（一八八六―一九四二）は写真を趣味にしていて、なかでもフランス製のステレオ・スコープを愛用していたことが知られている。[*10]興味深いことに朔太郎が写真という技術に魅了されたのは、この技術の新しさよりもそれが喚起する「郷愁（ノスタルジア）」という懐古的感情であった。彼は一九三九年のエッセイ「僕の寫眞機」[*11]で、自分が写真を撮るのは「記録写真のメモリィを作るためでもなく、また所謂藝術写真を写すためでもない」（萩原　八四）と述べ、「僕はその機械の光学的な作用をかりて、自然の風物のなかに反映されてる、自分の心の郷愁が写したいのだ」（八四）と強調する。それはすなわち、写真を通じて、目の前の風景に自分の過去についての記憶を重ね合わせる行為であり、それを表すには通常のカメラによる撮影ではなく、ステレオ写真やパノラマ写真が適しているのだと述べる。彼は「特

（＊8）写真が疑似科学的な観点にもとづいて利用されてきた文化史については、浜野志保『写真のボーダーランド』（青弓社、二〇一五年）を参照。

（＊9）光学技術の発展と視覚文化との関わりについては、高山宏『近代文化史入門――超英文学講義』（講談社学術文庫、二〇〇七年）を参照。

（＊10）田中純『都市の詩学――場所の記憶と徴候』（東京大学出版会、二〇〇七年）「一五章　都市の詩学」参照。

田中は、萩原朔太郎の「ノスタルジックなパノラマ写真」における、近景と（実際よりはるかに遠ざかった）遠景との距離（distance）によってもたらされる侘しさとノスタルジアに注目している。

（＊11）萩原朔太郎「僕の寫眞機」（『萩原朔太郎写真作品集――のすたるぢや』（新潮社、一九九四年）所収）

殊なパノラマ的情愁」について、「パノラマといふものは、不思議に郷愁的の佗しい感じがするものである」と述べ、「僕の郷愁を写すためには、ステレオの立体写真にまさるものがない」（八四）と断言する。

肉眼で見る光景と寸分違わない写実性は彼が写真に求めるものではなく（「普通の写真は平面であり、二次元の世界しか再現しない。ゆえにそれが、写真的にリアリスチックであればあるほど、いよいよ僕の心の「夢」や「詩」から遠ざかって來る」（八五））、むしろステレオ写真は「実景とは少しちがって、不思議に幻想的である」のだとする。そして、「僕の心のノスタルヂア第三次元の空間からのみ、幻想的に構成される」（八五）という朔太郎の写真への郷愁は、少し離れたところから見る対象の眺めから生まれている。あるいはより正確には、その隔たり（ディスタンス）こそが彼を魅惑しているものだとさえ言えそうである。朔太郎自身が撮った写真の多くは、ピントが意識的に近景の地面などに合わされて、中景から遠景にかけてはぼけているのだが、その結果奥行きが強調されることに田中純は注目し、それらが「局所的に分散された深度の経験」を構成し、郷愁という「幻想的な印象」を創出するのだと分析している（田中『都市の詩学』三五〇）。

カメラの眼を通した視覚的無意識が見慣れていたはずのものの異貌を暴き出す働きにも通じる描写は、彼の短編「猫町」にも見て取ることができる。語り手は自分がときおり自分がよく知る近所でも道に迷ってまったく別の場所にいるかのような感覚に陥る。彼(女)はそのような失見当識は「三半規管の喪失」によるものだと自身で説明するものの、そのような合理的な説明も以前の見知った光景に彼(女)を完全には連れ戻してくれることはなく、そのときに感じた「景色の裏側の実在性」はとげのように残り続ける。あるとき語り手は旅先の街角でふと気がつくと街が猫であふれていて、「猫、猫、猫、猫、猫、猫、猫。どこを見ても猫ばかり」の光景をありありと目の当たりにする。語り手は恐ろしくなってしまうがまた気がつくと何の変哲もない眺めのなかにいる。だが自分が「猫ばかりの住んでる町、猫が人間の姿をして、街路に群集している町」を見たのだという実感はその後も語り手の中に鮮明に残り続ける。

田中純は『都市の詩学』で、「猫町」の幻視的描写は、語り手が述べるような空間的な失見当識だけでなく、肉眼とは別様の(本章でも先に触れた「無意識的」と言ってもよいだろう)眺めによって、それまで見知っていたものとの一体感から引き離されて隔たったところに置かれる、写真の経験の影響があることも指摘している。

朔太郎がステレオ写真に引きつけられていたのは、それが強調する近景と遠景との空間的隔たりに、現在と過去との時間的隔たりによる郷愁が結びつけられて生まれているのだが、ノスタルジアという言葉の起源に目を向ければ、これはそれほど特異なものでもない。そのギリシャ語のような語感がもたらす古風な雰囲気に反して、ノスタルジアという語が用いられるようになったのは近代化以後のヨーロッパでのことであり、スイスの医者ヨハネス・ホウファーが一六八八年に医学用語として論文に記したのがその始まりとされる。(*12)

当時スイス出身の船乗りたちの多くが航海中に原因不明の高熱や抑鬱症状にとらわれ、ときには自殺未遂を起こすことが頻発した。同様の症状は傭兵たちにもみられていたが、彼らが故郷に戻ると快癒したという。このような生まれ故郷を離れたことによる精神的な情緒不安定に対して、ギリシャ語で「故郷」をあらわす“nostos”（ノストス）と「痛み」をあらわす“algos”（アルゴス）（あるいは“algia”（アルジア））を組み合わせ、医学用語として生み出されたのがノスタルジア（nostalgia）という語の始まりである。そして現在では漠然と過去への郷愁を指すこの語が、英語では「ホームシック」（homesick）と訳されることにも表れているように、もともとは故郷（home）との埋めがたい距離に根ざすものであり、家から離れて遠くからそれを見るという空間的隔たりとも強く結びついていることを示している。

他の芸術家にも、そのような肉眼では見落としてしまうものをとらえる写真の特徴を、自らの作品表現へと積極的に取り込もうとする者は多くいた。たとえば、『不思議の国のアリス』の著者ルイス・キャロルは写真を趣味としていて、一八五六年に当時としてはまだまだ高価だったカメラを購入し、オックスフォード大学の学寮の一隅にあった居室を撮影用のガラス張りの部屋へと改装するほどの入れ込みようだったことがよく知られている。ただ、専ら彼の関心を引いた被写体が『アリス』のモデルであるアリス・リデルを含めた幼い子どもたちであったことが、貞節を旨とする一九世紀イギリスのヴィクトリア朝的道徳観に抵触して物議を醸した。キャロルはリデル家への出入りも禁じられてしまうのだが、その年代の少女たちに刹那しか宿らない「何か」を紙片へと永遠に焼き付けようとする試みだったとも言えるだろう。あたかも二編の『アリス』（『不思議の国』および『鏡の国』）で、彼の記憶のなかの「アリス」を七歳のままにとどめ続けようとしたかのように。[＊13]

　キャロルは風景よりも人物写真を好み、なかでも子どもたちがお気に入りの被写体だったことは事実なのだが、彼の名誉のためにも少し付け加えて

（＊12）現在はウィキペディアでも紹介されているこのような経緯は、四方田犬彦「帰郷の苦悶」（四方田犬彦、今福龍太他編『ノスタルジア――世界文学のフロンティア4』（岩波書店、一九九六年）所収）にも記されている。批評用語としてノスタルジアを取り上げたものとしてはフレッド・デーヴィス『ノスタルジアの社会学』（間場寿一他訳、世界思想社、一九九〇年）も参照。

（＊13）写真も含めたルイス・キャロルの活動については、ステファニー・ラヴェット・ストッフル『「不思議の国のアリス」の誕生』（笠井勝子訳、創元社、一九九八年）、ヘルムット・ガーンズハイム『写真家ルイス・キャロル』（人見憲司訳、青弓社、一九九八年）、エドワード・ウェイクリング『ルイス・キャロルの実像』（楠本君恵他監訳、小鳥遊書房、二〇二〇年）などを参照。

おくなら、子どもは当時の人気の被写体で一大ジャンルを形成するほどであり、キャロル以外にも多くの写真家が子どもたちの姿をカメラに収めている。またそのような考え方の形成には、ワーズワースら一八世紀から一九世紀にかけてのイギリスのロマン派の影響も大きかったことが知られている。彼らは子ども時代を一つの理想郷として描き出すだけでなく、成長してその無垢が失われてしまうことへの哀切やノスタルジアも作品の題材としていた。そのような文化的空気に包まれていたキャロルたちが、子どもたちのまとう無邪気さや無垢さに(いつかは失われるというその儚さも含めて)引きつけられ、詩人たちが詩に永くとどめようとしたものを、一葉の紙片に焼き付けようとしていたであろうことは想像にかたくない。また、キャロルが残した子どもたちの写真はすぐれたものであることも知られている。当時の撮影は露光のために数分間はかかっていたにもかかわらず、そこに写された子どもたちには緊張感はみられず一様にリラックスした表情をしていて、これは子どもたちが感じ取ることをキャロル自身が共有できていたためではないかとストッフルは記している(ストッフル 四四)。

当時の子ども写真でもう一つ興味深いのは、その表現方法の多彩さであった。ロマン派の詩人たちがレトリックをこらした言葉で子どもたちを彩っていたのと同様に、写真家たちもその儚いものをとらえるために、子どもたちのありのままの姿をとるだけでなく、彼らが子どもに対して抱いていたロマンティシズムによる演出や技巧、加工を用いた。その一つは衣装を着せて扮装させた写真であり、キャロルによるものではアリス・リデルが乞食のようなぼろを着てポーズを取ったものや、詩人アルフレッド・テニスンの姪が赤ずきんに扮した写真が知られている。また白黒で現像された写真を鮮やかに彩色することも頻繁におこなわれていて、ビアトリスとエブリンのハッチ姉妹の写真をキャロルが彩色させたものが有名である（それらの中には着衣のないものも含まれている）。これは事実を歪曲するフェイクというよりも、私たちが肉眼でとらえている世界像からはすぐにこぼれ落ちてしまうものを増幅させせて、写真の上に永らく定着させようとする技法だということができるだろう。そして後になって、その「何か」がたしかに存在していたのだという自身の記憶と共鳴、増幅させて「思い出す」ための媒体としても用いるのである。写真への加工や補正が必ずしも現実の「リアル」と相容れないわけではなく、日常的な一場面を切り取るスナップショット的な撮影法とは別のかたちで、かえって現実のリアリティを際立たせてくれる。それがデジタル写真技術の進んだ現代だけの特質でなかったことは、ここまでみてきた事例からも見て取れるだろう。そのように考えれば、『アリス』の世界での「ニヤニヤ笑い」だけが残されるチェシャ猫など、あまたの奇想天外な描写も、肉眼では束の間しかとらえられない無意識的（あるいは数学的）な不可能な知覚への志向性の表れとみることもできるかもしれない。

また、記憶の作家の代表格とされるマルセル・プルーストも、かなりの写真好きであったことが知られているが、『失われた時を求めて』でも記憶を想起する過程がしばしば写真のメタファーを通じて表現されている。記憶の刻印とその想起の過程を、写真の撮影と現像へと重ねる思考は、先ほど触れたベンヤミンや、精神分析の始祖であるジークムント・フロイトの記述にも現われていることから、二〇世紀初頭のヨーロッパにおける一つのトレンドであったとも言えそうだ。そしてプルーストもそのような思考法に影響されていただけでなく、彼自身が写真技法にもかなり造詣が深かったであろうことを、その作品の描写から写真家のブラッサイが読み取っている(*14)。

ブラッサイはプルーストの風景描写がスナップショット的な性質を帯びていることや、その語りにズームなどの写真技法の影響が見られることだけでなく、作品内で人物が周囲の出来事を理解するプロセスについても、たとえば『失われた時を求めて』の以下の箇所を挙げて、写真が現像されてゆく過程になぞらえて描かれていることを指摘する。

> 人はこれを感じるが、感じたことはある種の陰画のようなもので、それをランプのそばに近づけないかぎり黒くしか見えない。しかもその陰画はまた裏から眺めなければならないのだ。それを知性に近づけないかぎり、それが何なのか私たちには分からない。知性がそれを照らし出し、それを知性化した

ときに、はじめて人は自分が感じたものの形を見分ける——それもやっとのことで——。(マルセル・プルースト『失われた時を求めて 12 第七篇 見出された時 I』(鈴木道彦訳、集英社文庫、二〇〇七年)四二五—四二六)

知性というランプの光に、真っ黒な無意識のネガを近づけるという作業に関して、赤光にネガを当てて潜像を浮かび上がらせるという暗室での過程をプルーストはよく知っていたはずであるとブラッサイは分析し、「写真家が光から奪い取ったイメージを抱えて暗いところにこもり、それに明るさを戻してやるように、プルーストも『僕の暗室』とよく言っていた部屋にこもって創作に打ち込んだ」(ブラッサイ 二二六)と、彼が書斎での創作活動を暗室内での写真の現像に見立てていたことを紹介している。意識の光を過去に差し入れる想起の外側には、つねに無意識という広大な闇が広がっていることに直面したプルーストが、写真という媒体を介して、真っ黒な無意識のネガに焼きつけられたイメージを何とか読み取ろうとしていたと考えるのはそれほど的外れでもないだろう。彼は記憶というものが、自分の意識的制御の及ぶ限られた範囲と、その埒外の無意識に置かれた無意志的記憶との領域とに分かれていて、とくに後者は自分のものでありながらも自由にすることはできな

(＊14)ブラッサイ『プルースト/写真』(上田睦子訳、岩波書店、二〇〇一年)

いものであることをよく自覚していた。そして、それをつかむための偶然のきっかけを辛抱強く待ち続ける様子が、『失われた時を求めて』の各所に描き出されている(この点は第二章で再び取り上げる)。

肉眼ではとらえられない世界があり、カメラと写真はそれを写し取ることができるという期待が人々のあいだに共有されて、通常は知覚できないものがとらえられるという比喩(メタファー)に写真を利用していたのがやはり二〇世紀初頭のヨーロッパに暮らしていたジークムント・フロイトである。フロイトは無意識の概念を論じたエッセイ(*15)で、意識と無意識は分離しているのではなく相互に影響を与え合っており、そのイニシアチブはむしろ後者に握られているという構造を示しながら、それを最終的に写真の現像プロセスに喩(たと)えている。まず陰画(ネガ)に焼き付けられた像のなかの一部が「陽画(ポジ)加工」へと回されて最終的な写真の画像となる(『フロイト全集12』二七九)という段階的な構造の強調を通じてフロイトは、人間の精神活動においては無意識領域の活動のほんの一部が主体に意識されているにすぎないという多層構造を説明しようとした。

フロイトは後には(第五章で述べるように)過去とその記録としての写真というモデルからは離れてゆくのだが、写真というメディアの備える写実性と魔術性が、過去の記憶をめぐる意識と無意識という場のモデルの構築にインスピレーションを与えていたことは注目しておいてよいだろう。

私たちが目にする、一見過去の瞬間的な事実をそのまま切り取っているかのような写真の画像（イメージ）も、その前段階には似ても似つかないネガ過程があり、つねに加工や調整を経ているのだという認識は、記憶の構造について考察する本書においても記憶の「再構築性」あるいは創造性も含めた「可塑性」についての有益な視点を示してくれる。記憶も写真と同様、過去の断片であるがゆえに、現在において結ばれるそのイメージは必ずしも当時のものとは一致せず、両者のあいだのつながりが維持されながらも、その隔たりは際立つことになる。

写真のポストメモリー

母親の写真についてのロラン・バルトの思索は、一枚の写真に結びつけられるイメージはそこに写された被写体だけに限らず、それを見る者によって無数に立ちのぼってくることを私たちに再確認させてくれる。しかも、それは彼が見つけた温室での母親の写真だけが特別なものだったからではなく、私たちがあらゆる場面で経験することでもある。その写真が家族を写したものであれば、幼少期の自分を（しばしば一抹の気恥ずかしさも感じながら）見

（＊15）邦題は、『フロイト著作集　第六巻』（人文書院、一九七〇年）では「精神分析における無意識の概念に関する二、三の覚書」、『フロイト全集　12』（岩波書店、二〇〇九年）では「精神分析における無意識概念についての若干の見解」

る現在の自分と、(できることなら子どもが小さかったこの頃にまた戻りたいとさえ思う)両親が抱く印象が異なることにも強く表れるだろう。さらにそうした印象は時間が移れば変化することも私たちはよく知っている。つまり、一枚の写真に幾多のイメージや印象が投影されてゆくのである。自分の個人的な家族写真から、写真と記憶についてのユニークな思索を展開するアネット・クーンの『家庭の秘密――記憶と創造の行為』(*16)は、記憶をめぐる思索は誰でも身近なところから始められることを教えてくれるだけでなく、そのような記憶の作業(メモリーワーク)は個人的なものを超えて、「個人的なものと家族的なもの、文化的なもの、経済的なもの、社会的なもの、歴史的なものとをつなぐ拡大された意味のネットワークへと広がっていく」(クーン 五)のだと論じる。

クーンやバルト、そして本章で概観してきた一連の議論を通じて、一枚の写真には見る者の立場や背景によって、そこから連想されるさまざまな印象が結びつけられることを確認してきた。それはつまり、同じ写真をみても、人それぞれに異なる印象が喚起されるという、私たちのよく経験する事態であるが、彼(女)らは、ある一つの図像が多様な印象を喚起するという事象の、ポジティブな可能性を掘り下げようとしているようにも思われる。そして記憶文化の研究者の一人マリアンヌ・ハーシュ(Marianne Hirsch)は、クーンらの議論を受けながら、『家族のフレーム――写真の物語(ナラティブ)とポストメモリー』で「ポストメモリー」という概念を提示する。(*17)これは一枚の写真に少しずつ異なる印象たちが投影されてゆくように、ある事象について複数の記憶イメージが立ちのぼることを指し、この概念は主に親から子といった世代間での記憶の継承について考察する際にもしばしば参照される。写真などを手がかりに、自分が経験していない(あるいは生まれる以前に起こった)出来事の記憶を追体験することを指しているのだが、子どもや孫たちの世代は必然的に、出来事を直接経験した第一世代以上に、「想像や創造」(an imaginative investment and creation)(Hirsch 22)を投入して記憶を再構築してゆくため、両者のあいだには結果的に「埋めがたい隔たり」(23)が生じる。前世代の記憶や記録が時間の経過のために失われていたり欠損していたりする場合にはなおさらである。しかしこの概念で重要なのは、対立や矛盾を含むそれらの記憶イメージのあいだで妥当なものの選別をおこなったり、統合的なものを新たにつくり出したりするのではなく、それらを共存させながら対話と交渉を維持するように志向する点である。それらのあいだでの歩み寄りもときには起こるかもしれないが、まずは「もっとも妥当なイメージ」を選別する姿勢を控えることで、想像や創造、再構築を含む記憶イメージを「まちがった」、

(＊16)アネット・クーン『家庭の秘密——記憶と創造の行為』(西山けい子訳、世界思想社、二〇〇七年)
(＊17)Marianne Hirsch, *Family Frames: Photography Narrative and Postmemory* (Harvard UP, 2012)

「ゆがめられた」、あるいは「捏造された」ものとして即座に切り捨ててしまう拙速さを戒めることにもつながるように思われる。[*18]

こうした理論的な考察の成果が積み重ねられる一方、小説などの作品でも記憶の再構築性はしばしば主題となっている。その一つにドイツ系のイギリス作家W・G・ゼーバルトの『アウステルリッツ』(原著は二〇〇一年)がある。[*19] 一九四九年英国ウェールズでイライアスという姓の牧師夫妻のもとで育てられていた少年は一五歳のとき、じつは自分が彼らの本当の子どもではなく、本当の名前は「ジャック・アウステルリッツ」なのだと知らされる。彼は突然告げられた事実と本名に違和感を覚え、それに慣れることができなかったが、それ以後長い時間をかけて自分のルーツを探す決心をする。その後の調査で、自分が幼いときにプラハから引き取られてきたことを知ったアウステルリッツは、プラハに飛び、自分の珍しい名字を手がかりにして、当時の自分の家の隣に住んでいて乳母のように彼をかわいがってくれた女性と再会する。そこで彼女から彼の小さな頃の一枚の写真をみせられる(そこに記された日付は一九三九年二月、ジャックが五歳のときのもの)。彼にはまったく覚えがないものであったが、それを一つのステップとして、アウステルリッツは自分と両親、そして当時のプラハについての過去を再構成してゆく。

この作品で目を引く特徴は、小説の各所に実際に掲載される数々の写真である。それらはただ作品の描写の雰囲気を伝えるだけのためのものではなく、そのいくつかは作品内で重要な役割を果たす。[*20] たとえば、アウステルリッツが「自分の幼少期」のものとして見せられたという写真も実際に掲載されている。一枚の写真（作中では「薔薇の女王の小姓」と呼ばれる）をきっかけに、彼は自らの過去とルーツを探ってゆく、つまり一枚の写真を手がかりにして、それまで意識ではとらえられなかった（忘れていたあるいは経験していなかった）過去へと踏み出してゆくのである。写真というモチーフと記憶の関連性についても、人物たちの言葉として作中に書き込まれている。

写真のプロセスで私を魅了してやまないのは、感光した上に、あたかも無から湧き上がってくるかのように現実の影が姿を現す一瞬でした。それはちょうど記憶のようなもので、とアウステルリッツは語った、記憶もまた夜の闇からぽっかりと心に浮かび上がってくるのです、けれどつ

（＊18）写真以外にもこの概念に関わる、記憶の物品の事例は第四章でも取り上げる。なお、複数の記憶イメージを排除・統合させることなく共存させようとする姿勢を維持することは困難なものであるが、第六章で紹介する「多方向性記憶（マルチディレクショナルメモリー）」（マイケル・ロスバーグ）や「想起の文化」（アライダ・アスマン）など近年の記憶概念の重要な土台の一つになっている。

（＊19）W・G・ゼーバルト『アウステルリッツ』（鈴木仁子訳、白水社、二〇〇三年）

（＊20）他の作品、たとえば『移民たち』（鈴木仁子訳、白水社、二〇〇五年）でも同様の手法が使われている。

かもうとするとまたすうっと暗くなってしまう、それもまた、現像液に浸しすぎた印画紙によく似ています。(ゼーバルト 七六)

そして記憶をテーマとするこの作品では、一つの記憶イメージがさまざまな連想を通じて別のイメージへと結びつきうることが示されている。それはしばしば当人にとっても「どういうわけだか分からないが」という自由な連想にもとづいていて、本書の第二章でも概観する「無意志的記憶」にも通じるものである。『アウステルリッツ』はイギリス人である語り手が、ベルギーのアントワープを訪れた際に動物園に併設されている夜行獣館に入ったときのことを回想する場面から始まるが、彼の中ではその光景がアントワープ中央駅の待合室での心象と入り交じっていることを語り(「いま待合室を脳裏に浮かべようとするとたちどころに夜行獣館が見えてくるし、夜行獣館のことを考えると、待合室が彷彿とする」(五))、そしてその待合室でアウステルリッツと初めて出会ったことへと語りが移ってゆく。

また、街を歩いているときにもその場所のはるか以前からの歴史や、あるいは別の場所についての記憶が喚起される。主人公のアウステルリッツは建築史の研究家という設定で、写真にさまざまなイメージが多重的に重ね合わされるように、建築物にも歴史や記憶をめぐる興味深い思索が頻繁に重ね合わせられてゆく点は、本書の第三章でも扱っている記憶と場所の議論にも通じるものである。ロンドンにあるリヴァプール・ストリート駅の、使われなくなっていた待合室に入ったとき、アウステルリッツの「意識の外縁を、記憶の断片が蠢きはじめ」、パリ時代に知り合った女性のことを思いだす。また彼は同時にそこに積み重ねられているであろう数百年の歴史についても思いを馳せるのだが、それらの記憶の背後には「更に過去に遡ることどもが埋もれていて、それらは埃っぽい仄明かりに私の幻視した迷宮の天蓋さながら、たがいに入れ子になり、果てしもなく連鎖していた」（一三三）ように感じられる。

この作品も含めたゼーバルトの作品で写真が果たす役割について、田中純は『過去に触れる』(*21)で虚構と現実の入り交じる奇妙な印象を読者に引き起こすことを示している。

少なくない写真がテクストの内容に対応した実在する建物や人物を表わしていることと相まって、虚構上の存在を表象するかのような写真は、「これがアウステルリッツの肖像写真でないことはわかっている、しかし、アウステルリッツはこの写真のように実在する（と信じている）という、認識と無意識的な信念の分裂――一種のフェティシズム――を読者

（＊21）田中純『過去に触れる――歴史経験・写真・サスペンス』（羽鳥書店、二〇一六年）

の心理にもたらす。(田中『過去に触れる』二八六)

これらの写真は、作品のために撮影されたものではなく、作者ゼーバルトが実際に手に入れた写真を虚構の物語に合わせて挿入したものであり、写っている人物は実在の別人物であることが知られているが[*22]、出典をあえて記さず、ときには内容と直接関係しない写真をテクストに挿入するゼーバルトの手法自体が、「そもそも写真をあえて迷い子にしていたのではないか。迷い子になることによってこそ、写真は解読を求める過去の無数のしるしで満たされる」(田中『過去に触れる』三〇二)と論じている。

そしてアウステルリッツの幼少期のものとして挿入されていた写真についても、「迷い子だからこそ、「薔薇の女王の小姓」はジャック・アウステルリッツであり、ゼーバルトの友人であり、ゼーバルト自身であることもできる」のであり、「この写真の迷い子が虚構の存在であるアウステルリッツではありえないと知りつつ、それがアウステルリッツであることを願っている」(田中『過去に触れる』三〇二―三〇三)と、写真というモチーフが内在させるイメージの多義性について明快に論じている。またその仕掛けについても、挿入された写真自体が「過去の実在感と「真正性」(authenticity)をたしかに保証する」のだが、「それが何の画像であるかが明示されないために、テクスト中の人物や事物が写真の指示対象の位置を補填する」(二八六)のだと的確に説明している。

なお『アウステルリッツ』には、写真と記憶だけでなく、先述した建築物と記憶、そして時間についての濃密な思弁も織り交ぜられていて、一筋縄では読み解けない作品であるが、それぞれの思索的小片に独特の魅惑があることも紹介しておきたい。(＊23)

本章では現代のタイムスリップ写真が典型的に喚起する過去へのノスタルジアからはじめて、一九世紀から始まった写真というモチーフに含まれる、過去の一時点を切り取って、焼き付ける写実性と、肉眼では観られないものを感知する魔術的な超現実性が、近代的な精神構造モデルの構築に大きな影響を与えている可能性について検討してきた。その観念（アイデア）は、現代において私たちがタイムスリップ写真を見て、この似て非なる二枚の写真のあいだに時間の流れを感じて情動をかき立てられることにも通じている。そしてそれは、

（＊22）田中純は『過去に触れる』所収の「迷い蛾の光跡——W・G・ゼーバルトの散文作品における博物誌・写真・復元」と題された一章でゼーバルトの作品における写真の効果を論じており、その中でゼーバルトのアーカイブを訪れてこの写真の出自を確認したときのことも記している。

（＊23）他にゼーバルトを論じるものには J. J. Long, *W.G. Sebald: Image, Archive, Modernity* (Columbia UP, 2007)、J. J. Long and Anne Whitehead (ed.), *W. G. Sebald: A Critical Companion* (U of Washington P, 2004)がある。また、Dennis Walder, *Postcolonial Nostalgias* (Routledge, 2011)はゼーバルトも含めた移民作家たちのノスタルジアを論じている。

良かれ悪しかれ私たちが、時間とは過去から現在へと流れてゆき、遠く過ぎ去ったものはもう取り戻せないのだという観念にとらわれた近代人であることの証左でもある。

それが写し出しているものが「今はもうない」と頭で理解はしていても、それでも想像的に（または創造的に）その過去を再訪したいという不可能な欲求は、神話という無時間的あるいは循環的な時間感覚のなかで生きる古代の人々と、私たちとが決定的に隔たっていることを示している。当時をありありと切り取ったものであればあるほど、私たちは時を経てその頃の記憶と再会しながら、その過去にはもう戻れないのだという、痛切なノスタルジアを感じる。そして本書でも形を変えながら何度も戻ってくるように、過去を事実のままに、丸ごと保存できる近代的な技術が進歩すればするほど、その痛切さは解消されるどころかますます強まってゆくのである。

第二章

記憶と身体

身体が思い出させる記憶

記憶は自分の一部を形成するとても大事なものでありながら、意のままにならない部分が多い。忘れてしまったり、はっきり思い出せなくなったりするかと思えば、心の傷(トラウマ)になるほど辛い記憶がずっと忘れられないことも日常的に経験している。そして視覚や味覚、触覚などの感覚、あるいは何気ない身体的動作が引き金(トリガー)となり、思いもよらない記憶が一気にあふれ出てきて、それに圧倒されることも私たちはしばしば経験する。そのときに発せられる、「うゎ、なつかしぃ！」といった歓声に込められる調子からも、記憶が単なる知覚情報の記録ではなく、それに対する情緒的反応と深く結びついていることがうかがえる。

そのような経験の一端は生物学者の福岡伸一のエッセイ集『生命と記憶のパラドクス』(＊1)の「まえがき」と「あとがき」でも生き生きと表現されている。彼はかつて研究生として数年間を過ごしたニューヨークの施設を二十年ぶりに訪問する。だがそこは外観こそ変わっていないものの、中はすっかりリノベーションされていて、「自分がいた実験室をもう一度、確かめてみたい」という期待を抱いていた福岡氏は戸惑いをおぼえる。彼の感じた、「自分が抱いていたあの時の記憶と、この現実が全然、重ならない。私がかつてすごした、あの殺風景な、雑然とした実験室がこのフロアのどこらへんに位置するのか、見当がつかない」（福岡　一二）という感覚は彼に眩暈（めまい）を引き起こす。よく知っていたはずの場所で方向感覚を失うという失見当識におちいって、自分の「記憶とつながる痕跡」がまったく消え去ったことに愕然とした福岡氏であるが、彼はあきらめずに過去との「ささやかなつながりの手触り」（一二）を探り続ける。そして、ある些細なきっかけから二十年前と現在の建物内の位置関係を把握して、目的の場所へとたどり着く。

> はたしてそこには小さな古びた扉がある。ノブを回すとぐらりと開く。くらがり。鉄製の踊り場。そして細いらせん階段。らせんは二十数年前と全く変わることなく、この場所にひっそりと封じ込められていた。［……］扉がある。それが施錠されていることを私は知っている。扉の向こうに何があるのかも私は知っている。そして、二十数年前、私は確かにここにいた。（二四九）

扉を回す感触とその一連の動作によってもたらされる感覚が刺激となって、当時の記憶が一気によみがえってくる。このエッセイ集は、福岡氏の幼少期からの数々の思い出たちが簡潔だが温かみのある文体で印象深くつづられて

（＊１）福岡伸一『生命と記憶のパラドクス』（文春文庫、二〇一二年）

いて、それらのエピソードたちは当時をそのまま再現するかのように描き出されている。だがこれらの鮮明な断章たちを挟むように冒頭とむすびに置かれた、研究所の再訪をめぐるこのエピソードのなかで、肝心な記憶をなかなか思い出せない産みの苦しみ(*2)が強調されていることは、これらの明晰な記憶たちもじつは薄暗い忘却に縁取られているのだと示しているかのようでもある。

　またフィクション作品でも、飛行機の中でたまたま耳にした曲の一節が、現在は三十歳代後半の主人公を二十年近く前の胸苦しい記憶へと、否応なく荒々しく連れ戻す様子が、村上春樹『ノルウェイの森』(*3)の冒頭で描き出されている。ドイツに到着した飛行機の中で流れたオーケストラ風の「ノルウェイの森」を聞いて主人公は激しく動揺する。彼はしばらく「頭が張り裂けてしまわないように身をかがめて両手で顔を覆い」、じっとしているしかなかった。そのときに彼の中で何が起こっていたのかはっきりと示されることはないが、後に続く描写で少しずつ明らかにされる。彼の脳裏に浮かんでいたのは草原に立っている記憶の精神風景（マインドスケープ）だった。

> 飛行機が完全にストップして、人々がシートベルトを外し、物入れの中からバッグやら上着やらをとりだし始めるまで、僕はずっとあの草原の中にいた。僕は草の匂いをかぎ、肌に風を感じ、鳥の声を聴いた。それは一九六九年の秋で、僕はもうすぐ二十歳になろうとしていた。（村上『ノ

ルウェイの森』八）

そしてこの光景にはさまざまな感覚の記憶も伴っている。

空は高く、じっと見ていると目が痛くなるほどだった。風は草原をわたり、彼女の髪をかすかに揺らせて雑木林に抜けていった。梢の葉がさらさらと音を立て、遠くの方で犬の鳴く声が聞こえた。まるで別の世界の入口から聞こえてくるような小さくかすんだ鳴き声だった。（九）

彼を襲った動揺とその光景が意味するものは小説全体を通じて明らかにされてゆくが、それは語り手自身が述べるようにつねに不完全な再構成でしかなく、すべてを取り戻すことはできない。それがたとえ、当時の自分にとってこの上なく大切だった女性との「いつまでも忘れない」という約束だったとしても。

語り手が抱く想起の不自由さは、「何事によらず文章にする」ことで理解

（＊2）うっすらと覚えているのだけれど、はっきりとは思い出せない「舌先現象」（Tip-of-the-tongue phenomenon [state]）についてはダニエル・シャクター『なぜ、「あれ」が思い出せなくなるのか』九〇―九七頁を参照。
（＊3）村上春樹『ノルウェイの森』（上下巻、講談社文庫、二〇一四年）

する彼の限界点を示すものでもあるが、それを乗りこえるように突発的に侵入してくる記憶の風景は、そのような意識的活動の奥にある荒々しい領域の存在を象徴的に示唆している。先に引用した箇所の後には「記憶というのは何だか不思議なものだ」とはじまる一節があり、そこでは「僕の体の中に記憶の辺土(リンボ)とでも呼ぶべき暗い場所があって、大事な記憶は全部そこにつもってやわらかい泥と化してしまっているのではあるまいか」(二一)という特徴的な表現も見られ、この物語全体が失われた大切なものの記憶へと降りてゆく試みであることを表している。またそのような過去の断片が激しい動揺を引き起こしたりすることは、記憶が身体とも深く関わる複雑なものであることも示している。

習慣的記憶と無意志的記憶

前章では一葉の写真がきっかけとなって過去へと連れ戻される経験(あるいはその不可能性ゆえの隔たりの感覚)を取り上げたが、何気ない感覚的な刺激によって、思いもよらなかった記憶がよみがえってくることも私たちは日常的に経験する(それらの記憶は一体今までどこにしまわれていたというのか、その問いをめぐる考察はまた第三章で)。記憶は脳内現象であるというだけでなく、種々の感覚によって記憶が私たちの深いところまで刻まれたり、しばらく忘れていた事柄が突然にありありと思い出されたりする。このような記憶を膨大に積み上げて、荘厳な大聖堂のように屹立する小説がマルセル・プルーストの『失われた時を求めて』であることは多くの人々が認めることである。そしてプルーストが尋常ではない集中力と執着をもって自分の記憶イメージをそこに再現したように、現代にいたるまでのその他多くの著述家たちも彼―女―なりの、他の誰とも交換のきかない個人的な記憶のリアリティを注ぎ込んだ作品を残している。以下ではこのような身体感覚と記憶との関係を扱う作品群にも焦点を当てるが、その前に身体と記憶についての興味深い分類を確認しておこう。

冒頭の福岡伸一のエッセイでドアノブの「手触り」が強調されていたように、私たちの記憶は多くの部分をそれに伴う身体感覚によって支えられている。そして彼が建物内をさんざん彷徨した後にようやく当時の記憶にたどり着いたことは、それらがときに私たちの望むままに呼び出せない性質をよく表している。記憶とは一枚岩的なものではなく、はっきりとした固い部分と、曖昧で不安定な柔らかい部分を併せもっている。さらにそこには、自在に思いだせる意識的部分と、意のままにならない無意識的部分が存在する多層的なものであることが、長らく人々の関心を引きつけてきた。そして、有名なプルーストの「マドレーヌの記憶」が私たちにとって興味深いのは、その箇所を実際に一読すれば分かるように、「お茶に浸してやわらかくなったひと切れのマドレーヌ」を口にした瞬間に当時の記憶が突然一気によみがえってきたわけではない、という点である。語り手ははじめに、自分の内部で何か「異常なこと」が起きているのに気づいて驚く。それは彼にとって「素晴らしい快感、孤立した、原因不明の快感」であるが、彼はそれが一体何を意味しているのか掴むことができず格闘する。(*4)

第一巻では幼少期に過ごしていたコンブレーの記憶が主題となっていて、マドレーヌの話にいたるまでにも、何度もコンブレーのことを思い出そうとしながらも、うまくいかないいらだちが繰り返し記されている。そのような意識的な努力に対して、身体的な刺激によって思いがけず想起される記憶が併置され、その気まぐれな意のままにならなさは語り手をさらにいらだたせる。語り手は眠れない夜にベッドの上でさまざまな姿勢を取りながら、それがきっかけで喚起される記憶の断片を「身体の記憶」と呼ぶ。「身体の記憶、脇腹、膝、肩の記憶は、かつてその身体が眠ったことのある数々の部屋を次から次へと描きだ」(プルースト『失われた時を求めて　1』三五)す。

そうして、思考が時間と形態の閾ぎわでためらいながら、周りの様子をかき集めて自分の居場所をたしかめる前に、こちら――身体――は、一つひとつの部屋のベッドの種類、ドアの位置、窓の採光、廊下のあるなしなどを、私がその部屋で眠る時に考え、目ざめたときにふたたび見出

した想念とともに、もう思い出しているのだった（三五）

だが思い出されるがままの断片は長続きせず、語り手は夜通しそのような想念の流れに身を任せる。そしてこのようなままならなさは、有名なマドレーヌの場面においても繰り返されている。語り手はマドレーヌを浸した紅茶を口にした瞬間にコンブレーの記憶を取り戻すのでなく、そのときに感じた「原因不明の快感」の正体を探ろうとあれこれ思いをめぐらし、その片鱗をとらえようとしてすがりつくように何度もお茶を口にするという産みの苦悩を経験する。だがその効果は薄れてゆく一方であり、彼は途方に暮れてしまう。

たしかにこんなふうに私の奥底で震えているのは、イメージであり、視覚的な思い出であるにちがいない。それがこの味に結びつき、その味のあとに従って、私のところにまでやってこようとつとめているのだ。だがその思い出は、あまりに遠いところで、あまりにぼんやりとした姿でもがいている。かすかに認められるのは、その鈍い反映だけだが、そこには多くの色彩がかきまぜられ、とらえがたい渦をなして溶けこんでい

（＊4）マルセル・プルースト『失われた時を求めて 1』（鈴木道彦訳、集英社文庫、二〇〇六年）。このあたりの記述はおもにアン・ホワイトヘッド『記憶をめぐる人文学』（三村尚央訳、彩流社、二〇一七年）の三章の議論も参照している。

る（一一一）

そして自分の感じた感覚の微かな残滓の正体を見定めるのを諦めかけたそのときに突如、幼い頃にコンブレーの叔母の家で日曜の朝に出してもらっていた、お茶に浸されたマドレーヌのことが浮かび上がってくるのである。(*5)

プルーストはこのような記憶の性質の違いを意志的記憶と無意志的記憶と呼び、小説内での描写も区別している。意志的記憶（voluntary memory）とは、私たちが意図的に思い出すことが可能な記憶であるが、それは彼にとっては記憶全体のほんの一部であり、生き生きとした活力を備えていないとする。『失われた時を求めて』では、意志的記憶とはすなわち「知性の記憶」であり、そのような記憶は「過去の何物をも保存してはいない」（プルースト『失われた時を求めて　1』一〇六―一〇七）もので、そのような記憶は語り手にとって「死んで」いるのだと示されている。そのように「過去を思い出そうとつとめるのは無駄骨」であり、「知性のいっさいの努力は空しい」（一〇七）もので、「過去は知性の領域外の、知性の手の届かないところ」（一〇九）にあるものとしている。

それに対して無意志的記憶（involuntary memory）は、先ほどのマドレーヌの例でも確認したように（また、本章冒頭での福岡伸一の例をここに加えてもよいだろう）、私たちの意識的努力による探索の不意を突くように「偶然」に到来する。しかも、主体の側が自在に想起することはできず、たいていは強い情緒的反応を引き起こし、そのような意識的な制御を簡単に凌駕してしまう奔出に語り手は不安すら覚えることもある。

『失われた時を求めて』の訳者でもある、フランス文学研究者の鈴木道彦[(*6)]は、このように突然訪れてくる記憶について「死んだ過去ではなくて、生きた思い出が始まる出発点」（鈴木 四八）だと形容する。無意志的記憶が伴う生き生きとした手触りは、過去を蘇らせる「魂の物語」を語るための原動力となっているのである。そして、意志的記憶と無意志的記憶とが根本的に異なるものだとプルーストが描いていることについて、鈴木は『失われた時を求めて』でマドレーヌの記憶が蘇る前段で、語り手がケルト神話の時間感覚に思いを馳せていることに注目している。語り手は「ケルト人の信仰」では死者の魂は過ぎ去ってしまうことなく、この世において「なにか人間以下の存在、たとえば動物や、植物や、または無生物のなか」にとらえられているが、時宜を得れば「死者たちの魂は喜びに震えて私たちを呼び求め」、「ふたたび帰ってきて私たちといっしょに生きる」（鈴木 一〇七）のだと述べている。つまり、過去か

（＊5）このときにコンブレーの街並みとともに思い出されているのは、のちの第三章でも触れる建築と記憶の関連性からも興味深い点である。

（＊6）鈴木道彦『プルーストを読む――『失われた時を求めて』の世界』（集英社新書、二〇〇二年）

ら現在に向かって流れてゆくという直線的な時間感覚とは異なる、現在と過去が渾然一体となり、過去が現在と共にある、いわば神話的時間にも通じる感覚だということもできるだろう。

このような生き生きとした無意志的記憶は意識の制御からは自由で、身体的知覚とも強く結びついていることも多いが、いわゆる「身体で覚える」行為（「手続き記憶」または「非陳述記憶」とも呼ばれる）とは区別されるものである。経験を積んで慣れてきた動作が、頭で考えるのでなく「身体が勝手に動く」とも形容される類の動作はプルーストと同時代の哲学者アンリ・ベルクソンが「習慣的記憶」と呼んだものにも関わっている。ベルクソンは『物質と記憶』[*7]で記憶を意識（あるいは無意識）の深いところに刻まれた「純粋記憶」と、反復動作によって意識することもなくなる習慣的記憶とに分類した。

自転車の操作、ペンで文字を書くといった日常生活における数々の動作、あるいはダンスの振り付けやスポーツおよび武道の技の習得、雪上でのスキーやスノーボードのような普段とは違う環境での動作についても、はじめは手順を意識して少しずつ確認しながらおこなってゆくが、それに慣れてくれば、意識しなくても身体がその手順を記憶して、勝手に動くかのように感じてくる。そのような暗記のための反復動作や身体の習慣的訓練などに関わる記憶イメージは、「身体のうちに沈殿し」（ベルクソン 一〇六）て新たな運動機構を獲得する。このような意識することのない身体に染みついた動作は私たちが日常的に経験しているだけでなく、記憶喪失におちいって自分に関することがまったく思い出せなくても、身体的な戦闘能力が自動的に発揮される映画『ボーン・アイデンティティ』（ダグ・リーマン監督、二〇〇二年）シリーズのジェイソン・ボーンのような人物はフィクション作品でもしばしば登場して、その人物が記憶を失う以前の前歴を突き止める手がかりとなっている。(*8)

ベルクソンが身体を介する記憶を思索の題材として取り上げたことは重要であるが、その思想の中では精神と関わる「純粋記憶」とは区別され、どちらかといえば従属的なものとして位置づけられている。その点は同じく身体知覚に関わる記憶に注目するプルーストとは決定的に異なっていて、興味深いことだとホワイトヘッドは『記憶をめぐる人文学』で論じている。

二人は親戚関係にあり（ベルクソンの配偶者がプルーストのいとこ）、プルー

（*7）アンリ・ベルクソン『物質と記憶』（合田正人、松本力訳、ちくま学芸文庫、二〇〇七年）ベルクソン思想の現代的意義（アクチュアリティ）については、ジル・ドゥルーズ『ベルクソニズム』（檜垣立哉、小林卓也訳、法政大学出版局、二〇一七年）のほか、平井靖史・藤田尚志・安孫子信編纂で書肆心水から出版の『ベルクソン『物質と記憶』を解剖する』（二〇一六年）、『ベルクソン『物質と記憶』を診断する』（二〇一七年）、『ベルクソン『物質と記憶』を再起動する』（二〇一八年）などがあり、どれも読み応えがある。

（*8）また映画『記憶にございません！』（三谷幸喜監督、二〇一九年）でも、それまでにプレーしていた覚えがない（思い出せない）のに、ゴルフの腕は衰えていない記憶喪失の首相が登場する。

ストは『失われた時を求めて』の構想を固める以前にすでに『物質と記憶』を読んでいたのだという。その一方でプルーストは『失われた時を求めて』の語り手に、思考を介在させない自動運動となってしまう「習慣」がもつ、精神の過剰な活動を和らげる調整役としての効用を認めさせつつも、その凡庸さへのなげきを語らせている。

> 習慣！　この巧妙なひどくのろまな調整者は、最初は何週間も私たちの精神を、一時的な仮の調度の中で苦しめる。しかしなにはともあれ精神は、この習慣を見出せば大喜びなのだ。それというのも精神は、もしも習慣がなくなって、自分の持っている手段だけに頼るようになると、一つの部屋を私たちの住めるようなものにすることもできないであろうから（プルースト『失われた時を求めて　1』三九）

ここまで見てきたことからも明らかなように、身体をめぐる記憶についてプルーストは、私たちが日常生活を滞りなく送るために必要とする、意識的な精神活動を鈍化させる習慣の先に、その意識を圧倒する（それはしばしば恍惚的(エクスタティック)なものとして描き出される）無意志的記憶の次元を想定している。つまり身体にまつわる記憶も、意識を介在させないベルクソン的習慣的記憶（手続き記憶）に属するものと、主体を圧倒するほどの力と自律性を備える「深い記憶」があり、本章が関心を向けるのもどちらかといえば後者である。さて、両者の違いをこのように確認したところで、身体感覚と記憶の関係にフォーカスする作品たちの場面に注目してみよう。

身体と記憶の複層性

懐かしい曲、どころかその一音を耳にするだけで風景が立ち上がることがある。[*9] 宮下奈都『羊と鋼の森』[*10]の主人公はピアノの調律師となってから、自分が幼い頃から親しんでいた北海道の実家近くの森の様子を思い浮かべるようになったことに気づく。鍵盤たちが奏でる音の群れに向き合って調節するようになって、それらの音が喚起するイメージが指し示すものの見え方が以前よりもクリアになり、「美しいもの」(宮下 二〇一〇)として思い起こされるようになっていた。祖母が作ってくれたミルク紅茶や泣き叫ぶ赤ん坊の眉間の皺や、森の木々の枝先が神々しく輝く光景など、見えてはいたけれど本当には

(*9) なつメロなどの音楽から記憶の文化研究を試みたものでは小泉恭子『メモリースケープ』(みすず書房、二〇一三年)が参考になる。本書でも取り上げている「身体」や「集合的記憶」(アルヴァックス、アスマン)からの想起に関わる事例が多く紹介されている。

(*10) 宮下奈都『羊と鋼の森』(文藝春秋、二〇一五年)

分かっていなかったものたちが「美しいもの」として「記憶のあちこちからそこにひゅっと飛び込んでくるのがわかる。磁石で砂鉄を集めるように、いともたやすく、自由自在に」（二〇）。それまで漠然と目を留めていた光景に対する解像度があがって、そこに含まれていた記憶像（イメージ）の中に含まれていたものに焦点が合い、それが象徴する美しいものや「自由」をはっきりと見定められるようになったことに主人公は悦びを感じるのである。

そして調律のために訪れた先々で、彼は依頼者たちが幸福だった頃の思い出を取り戻す場面に立ち会う。彼の調律するピアノの発する音が、彼―女―らがしばらく忘れていた過去と再会するための鍵となり、未来へと進んでゆくための原動力となる。そのなかに興味深いエピソードがある。主人公が先輩の調律師と訪れた先で、依頼主から以前に鳴っていたときの「元の音に戻してほしい」という依頼を受ける。先輩は手早く作業を終えて、依頼主も「戻ってきた」ピアノの音に満足するが、調律を施した先輩は主人公に、実際は元の音よりもやわらかい音が鳴るよう仕上げたのだと語る。先輩は「元の音」を純粋に同じ周波数の音としてではなく、依頼主にとって「小さな娘さんがいてピアノを弾いていた、しあわせな記憶」（六五）を思い出させてくれるものとしてとらえていたのだ。たとえ当時のものとはちがっていても、ピアノが本来もっていたいい音で鳴ることで、それを聴く者の幸せだった頃の記憶との共鳴が強くなるよう、思い出によって（おそらく意識することなく）補正されるというのは、本章の議論においても非常に示唆的なエピソードである。
幸田文「台所のおと」(*11)も、音にまつわる記憶から立ちのぼる情緒を軸にして巧みに構成された短篇である。主人公の佐吉は夫婦で小料理屋を営んでいたのだが、病で体調を崩して一ヵ月ほど床に伏せっている。現在は妻のあきが調理場に立っているが、それまで台所仕事を切り盛りしていた佐吉にとっては台所の音をきくのが何よりの心慰めであった。彼は音を聞いているだけでそれまでの経験から「何がどう料られていくか、手に取るようにわかるし、わかるということはつまり、自分が本当に庖丁をとり、さい箸をもって働いているに等しい」(幸田 二二四)のだった。佐吉は自分の体の中に蓄えられた記憶と照らし合わせながら妻の所作を想像する。

あきは棚のほうへ移ってなにかしている気配で、やがてまた流し元へもどると、今度は水栓全開の流れ水にして、葉を洗いあげている。佐吉はその水音で、それがみつばでなく京菜でなく、ほうれんそうであり、分量は小束が一把でなく、二把だとはかって、ほっとする安らぎと疲れを感じる(二二五)

(*11) 幸田文「台所のおと」(青木淳[選]『建築文学傑作選』(講談社文芸文庫、二〇一七年)所収)

そして佐吉は、最近は妻が台所で立てる音がずいぶんと静かになっていることが気にかかっているのだが、それはじつは彼の病状について医者から説明を受けた彼女が、このように耳の鋭い佐吉に内心の動揺を気取られてはならないとできるだけ音を立てないように心がけているのであった。

あるとき、あきの立てるすり鉢の音を聞きながら佐吉がまどろんでいると昔の記憶がよみがえってくる。それは彼があきの以前に結婚していた最初と二番目の妻のことだったが、それらの記憶も彼女たちが立てる音にまつわるものだった。最初の妻は煮炊きの音がすべて佐吉をいらだたせるもので、鍋や食器に「捨鉢な音」を立てさせることが我慢ならなかったし、彼にしてみれば「食べるものをこしらえる音、ではなかった」（二五六）。また、ものを食べるときの音が「生理的に気色がわるくなる」ものだったことも相まって、佐吉は彼女との結婚生活が続けられなくなり、結局別れてしまう。また二番目に結婚した女は、熱心に料理をする質ではなかったために煮炊きの音をさせることはなかったが、やはり印象的なある音の記憶を佐吉の中に残していることが語られる。

このように身体的な感覚が呼び覚ます記憶が望ましいものだけでないことも私たちは実感している。カズオ・イシグロの『浮世の画家』(*12)で、語り手小野益次は終戦後間もない日本で自身の画家としての生涯を振り返る。そのいくつかの場面で彼は、ものが焦げる匂いに何度も注意を向け、そのような匂いに自分でも説明のつかない心のざわつきを覚える。小野は物語の終盤で友人と昔を振り返りながら、「ものが焦げる匂いがすると、いまでも不安になる」（イシグロ『浮世の画家』三〇八）と唐突にそのことに触れる。彼は「ついこの前までは、すぐ空襲と火災を連想したものだ」（三〇八）と続けて、そのような匂いが妻を失った五年前の空襲のことを思い出させると語る。たしかに『浮世の画家』は冒頭から爆撃による自宅の損傷が言及されるなど随所に戦争による被害の大きさが描き出されていて、戦後の日本の人々の多くが抱えていた困難を想起させるものともなっている。

だがここまで物語を読んできた読者は、そのような匂いが小野にとってはより深刻な記憶と結びついていることに気づいている。それは画家として身を立ててゆく過程で遭遇してきた困難な瞬間を象徴するものでもあった。その一つが、小野が少年のとき、両親から画家になることを止められた記憶である。彼はそれまでに描きためていた絵を差し出すように命じられて、そのような堕落した道は歩まず、商人としての家業を継ぐための実学に励むように諭される。その後語り手は家の中が「焦げくさい」（八〇）ように感じられたと語る。母親はそれを否定するが、彼はそれをしつこく繰り返す。この場

（＊12）カズオ・イシグロ『浮世の画家［新版］』（飛田茂雄訳、ハヤカワepi文庫、二〇一九年）

面では彼の差し出した絵を父親が燃やしていることが暗示されるが、小野は逆に闘志を燃やして、「お父さんが客間でなにをしていようと、ぼくの知ったことじゃない。お父さんが火をつけたのはぼくの野心なんだ」（八二）と、父親の圧力に屈することなく画家になるという決意を新たにする。つまり、ものが焦げる匂いは『浮世の画家』において、戦争という社会的背景と、語り手の画家としての個人的経歴に刻まれたあつれきや傷とも結びついており、数々の記憶を喚起するきっかけ（トリガー）となっていることが、次第に明らかになってくるように構成されている。

プルーストのマドレーヌ以外にも味覚や食感と結びついた記憶は人によって多彩であるが、それは個人的な思い出だけでなくその時代や地域の食に対する思考や嗜好、すなわちその時代が共有していた記憶を強く反映するものでもある。湯澤規子『7袋のポテトチップス』[*13]は「食」をめぐる人々の経験や思い出をまとめることで「胃袋の戦後史」（湯澤 一八）を浮かび上がらせる面白い社会学的成果である。私たちにとってしばしばノスタルジアの対象ともなる家族で囲む食卓、という概念がじつは日本では近代以降に成立した比較的新しいもので、それ以前は近世における村の神事の後での会食を意味する「直来（なおらい）」にも典型的に見られる共同性と不可分であったことも紹介していて、記憶研究の観点からも興味深いものである。

この本のアプローチは、人々が抱く「思い出の味」が個人的な嗜好にとどまらず、その時代の社会状況にも彩られていることを明らかにする。たとえば彼女は一九四五年（昭和二〇年）生まれの自分の父親の好物が「ホットケーキとキャラメルとチョコレート」だったことを、彼が幼い頃にはじめて食べたときの個人的思い出だけでなく、ちょうどそれらが日本に紹介され、工場で大量生産されはじめた時期でもあることと関連づける。また彼女は考察対象となる時代に書かれた文学作品（永井荷風「狐」や向田邦子「ごはん」など）だけでなく、当時の女性雑誌に特集された思い出の食に関する一般投稿などからも、人々の個別の記憶を超えた食をめぐる集合的記憶の変遷とでも呼べるものをとらえようとしている（彼女はそれを人々の「食の履歴書」や「食物語（たべものがたり）」という味わいある言葉で表現している）。

なかでも目を引くのは、第二章での戦後の庶民的スーパーマーケット、ダイエーの創業者中内功の体験をめぐるくだりである。一九二二年生まれの中内は太平洋戦争の最中に徴兵され、一九四四年には激戦地であるフィリピンに配属されて壮絶なゲリラ戦と激しい飢餓状態のために生きるか死ぬかの瀬戸際まで追い込まれる。彼はそのような極限状態で目にした、敵であるアメリカ軍の兵站の充実ぶり（ガソリン発動機でアイスクリームまで作っていたと

（＊13）湯澤規子『7袋のポテトチップス――食べるを語る、胃袋の戦後史』（晶文社、二〇一九年）

いう）に驚嘆し、その衝撃こそが戦後の物流発展の象徴ともなるダイエー誕生のきっかけともなったのだと論じる。「空腹と飢餓の記憶」こそが「戦後の経済成長を実現していく原動力にほかならなかった」（一〇九）という言葉が示すとおり、消費社会の象徴である豊富な商品に充たされた量販店の原点には、戦時中の飢餓という強烈な欠落の記憶があることを、飽食を超えた「崩食」（一一二）の時代に生きる私たちに思い出させてくれる。湯澤はこのような集合的な飢餓の記憶とも呼べるものを考察する題材として先述の向田邦子に加えて、大岡昇平『野火』、やなせたかし『アンパンマン』なども取り上げている。

記憶にとらわれた身体——トラウマ

過度に肉体的、精神的な苦痛を受けた経験がいわゆるトラウマとなってしまうことがある。戦争や災害、事故などの非日常的なものだけでなく、家庭や学校、職場その他の日常的な人間関係においても生じうる心身へのストレスは、たとえその出来事が過ぎ去ってもその記憶は自分の中にとどまり続けることがある。そして、私たちの意志とは裏腹に意識へと繰り返し上ってきて（フラッシュバック）、私たちは「光景や音、声、感覚、情動に圧倒される」（ヴァン・デア・コーク 三二〇）(*14)。

身体に直接的なダメージを受けた場合でなくとも、トラウマ的記憶は想起されるたびに身体的な反応を引き起こす。たとえば、「はらわたがよじれるような感覚、心臓の激しい鼓動、速く浅い呼吸、胸が張り裂けるような感覚、話すときの緊張した甲高い声、虚脱や硬直や憤激や過剰な自己防衛を示す特徴的な体の動き」（三三五）などである。ベッセル・ヴァン・デア・コークは、卵管を焼灼するための開腹手術中に麻酔が切れて覚醒してしまい、激しい痛みを感じ続けた女性患者が、そのトラウマが回帰する感覚を明晰に説明する言葉を紹介している。

フラッシュバックがどのようなものかお伝えしたいです。それは、まるで時間が折り重ねられたり、あるいは、ねじ曲げられたりしたようで、過去と現在が一つになります。体ごと過去に移されたような感じです。もともとのトラウマを象徴するものは、現実にはまったく当たり障りがなくても、すっかり汚染され、憎み、恐れるべき対象、可能なら破壊し、それが不可能なら回避するべき対象と化します［……］手術着を目にする

（＊14）ベッセル・ヴァン・デア・コーク『身体はトラウマを記録する』（柴田裕之訳、紀伊國屋書店、二〇一六年）。またトラウマ理論についてはキャシー・カルース（編）『トラウマへの探究――証言の不可能性と可能性』（下河辺美知子訳、作品社、二〇〇〇年）やキャシー・カルース『トラウマ・歴史・物語――持ち主なき出来事』（下河辺美知子訳、みすず書房、二〇〇五年）も参照。

たびに、私は解離し、混乱し、体の具合がわるくなり、ときには怒りがこみ上げてくるのが意識されます（三二八）

「現在と過去が一つになる」というのは非常に的確な表現で、自分の全存在がその出来事の原因となった過去に移されたような感覚になるというだけでなく、過去がきっちりと過去になりきっておらず、鮮明に存在し続けるという現在性をもつことを示している。したがってトラウマ治療においては、当該の出来事の記憶を過去のものにすることが目指されている（そのためのさまざまな方法がヴァン・デア・コーク『身体はトラウマを記録する』やピーター・ラヴィーン『トラウマと記憶』(＊15)でも紹介されている）。

先ほどのプルーストの箇所でも触れた、無意志的記憶での過去と現在が分かたれることなく一緒になって現れるという時間感覚を思い起こしてもよいだろう。プルーストのような幸福感に満たされた記憶の場合も、トラウマ的な苦痛の記憶の場合も、生き生きとした（あるいは生々しい）過去が現在に侵入してきて主体を圧倒する。(＊16) そのときにはいずれの場合でも、私たち自身の意識的な制御下におくことはできず、それに身を任せるか、おさまるまで身を固めてうずくまるしかない。したがって、トラウマ的記憶が亡霊のように現在へと回帰してきて、「何度も強烈に思いだしてしまう」状況は、できることならそれを「忘れてしまいたい」という忘却の切望と背中合わせであることとも確認しておきたい（その点は第六章でも扱う）。また、福岡伸一のエッセイや『ノルウェイの森』の冒頭でも見たように、重要なのはそれが事実の記録を再生したものではなく、「回想されて語り直されたもの」だということであり、その記述は現在においてはすでに失われているものを、その断片や残り香から再構成する試みである。

所有する身体が異なれば、その記憶の様態も異なるのは当然であるが、その変化が突然に訪れた場合に以前の記憶が身体に残り続けて違和感を引き起こしてしまうことがある。伊藤亜紗『記憶する体』[*17]には事故や病気のためにそのような経験を被った人々が、新しく編成された身体と、以前の身体をめぐる記憶とをすりあわせようと工夫する事例が多く紹介されている。視覚を失ったり、脚や腕を切断されたりして身体感覚が大きく変わってしまった場合には、自己認識が現在の身体をまだ把握し切れておらず、記憶の中ではしばしば以前の身体感覚が残っていることがあり、その齟齬は身体の持ち主にストレスをかけ続ける[*18]。

（＊15）ピーター・ラヴィーン『トラウマと記憶』（花丘ちぐさ訳、春秋社、二〇一七年）

（＊16）ホワイトヘッド『記憶をめぐる人文学』の無意志的記憶を取り上げる第三章、とくに三節「トラウマ的記憶」では一見対照的なこれらの「幸福な記憶」と「つらい記憶」の近接性が論じられている。

（＊17）伊藤亜紗『記憶する体』（春秋社、二〇一九年）

そのような事例の一つとして、『記憶する体』に挙げられるのが幻肢(phantom limb)とそれに伴う幻肢痛である。幻肢とは事故や戦争での負傷により腕や足を失った(あるいは麻痺して感覚が失われた)人が、まだそれが存在しているかのように感じる症状で、それにしばしば伴う痛みが幻肢痛である。脳が出すそれらを「動かそう」とする指令に対して、「実際に動かせている」というフィードバックがないために生じる違和感が、幻肢痛あるいはその前段階としての幻肢感を引き起こすのだと考えられている。かつての身体にもとづく記憶の総体と、新しい身体の構成とのあいだの隔たりが生む違和感はチクチクと意識を刺激し続け、幻肢痛のような極端なかたちで私たちを苛み続ける。習慣的記憶で見たような、意識せずとも身体が滑らかに動かせる感覚とは対極にある、自分の身体をめぐる記憶を強く意識させられ続ける事例である。

身体を通じた世界との結びつきを思索の核の一つとする現象学の哲学者、モーリス・メルロ=ポンティも『知覚の現象学』で幻肢(邦訳では「幻像肢」)について考察している。[*19] 彼は戦場で腕を失った戦傷兵がその腕ばかりかそこに残る弾丸の破片さえも感じるという例を挙げ、この患者の中に失われた腕の存在の名残り(つまり記憶)が留まり続けている現象は「心的なもの」だけからでも、身体という「生理的なもの」だけからでも説明できるものではないとする。そして、腕や脚を喪失したときの記憶が、現在においては存在していない肢の痛みを感じさせるという一見特殊な現象が、私たちの「身体」が生理的・物理的な層に加えて、それに対する意識や記憶など心的な層との複合的な存在であることを顕著に示しているのだと論じる。(*20)

幻肢の感覚をもつ人がうっかりそれがあると思って歩こうとして転んでしまうことを取り上げて、その現象がじつは健常者が自分の身体を操作する際に、隅々まではっきりと意識しているわけではないことと同様だと指摘し、それを私たちの身体が「両面価値的（アンビバレント）」（ambivalent）（メルロ＝ポンティ 一四九）であることの証左だと述べている。そして、そのような実在と不在のあいだで、あたかもすでに亡くなっていて「眼の前にいない友人」の存在

（＊18）その一方で『記憶する体』には、生まれつきそのような身体感覚の記憶を持ち合わせていない人の事例も示されており、その点も興味深い。先天的に視覚を持たない人が、小説を読むことで自分とはちがう世界の見方に触れて驚いたことや（レストランの席数を「五つ」と描写することでその規模を表現すること）、もともと左手を持たない人にとって義手はいつまでも自分のものとは感じられない外出用の装飾具としか思えないこと（「スマホと義手が同時に落ちてしまったら、パッとスマホを取ると思います（笑）」（伊藤 一六七））など。

（＊19）モーリス・メルロ＝ポンティ『知覚の現象学』（中島盛夫訳、法政大学出版局、二〇一五年）一四〇―一六二頁。

（＊20）身体意識という「心的なもの」が現実の身体に限定されないところまで拡張されうる例として、メルロ＝ポンティは道具の使用も挙げている。幻肢も含めた彼の身体論と世界把持の思想については鷲田清一『現代思想の冒険者たち メルロ＝ポンティ』（講談社、一九九七年）でも明快に論じられている。

を「生き生きと感ずることができる」のと同様に、「切断手術を受けた患者は、自分の脚を感ずる」（一四八）のだと考察している。つまり幻肢をもつということは、かつて存在していた腕や脚の記憶、すなわちそれを使ってなしうる「あらゆる行動の可能性を今もなお所持して」、「切断以前にもっていた実践の場」（一四九）を記憶という心的なリアリティとして保持していることだと論じる(*21)。

腕や脚を失う以前の記憶が残り続けていることに加えて興味深いのは、残っているのは以前のそのままの感覚ではなくその「存在」の感覚であり、さらに、幻肢が人それぞれ異なる「形」をもっていて、それを「動かす」感覚も伴っていることである。以前の腕より「小さい」ものだったり、「胴の中に入り込んでいる」（伊藤 一四二）ことや、物理的な限界を超えて「床を突き抜けて床下を触っている」（伊藤 一四四）こともあるのだという。そして、『記憶する体』で紹介される幻肢痛の治療法のいくつかは、幻肢に対する「ナラティブの変化」（一五五）を利用するもので、これは本書でも後に取り上げる記憶の変容や再構築性からも注目される点である。3Dプリンターを使って幻肢に合わせた義肢を作成したり、VRを使って幻肢のイメージを視覚的に映像化したりして、制御している感覚を獲得することで幻肢痛を減らす試みである。つまり、腕や脚がないのだという現実の方に認識を一気に合わせるのでなく、最新技術を利用して幻肢という記憶の幻(ファントム)をまずは具体化し、自分の身体についての記憶の叙述（ナラティブ）を修正してゆくことで、幻肢痛の原因ともなっている意識と身体とのあいだの違和感を埋めることを目指している。このような例は、身体をめぐる記憶をゆっくりとではあるが調整してゆける可能性を示している。

本章では身体感覚がきっかけで思い出されることに加えて、想起された記憶にもその感覚のイメージがしばしば結びついていることにも触れた。それはすなわち身体の記憶というだけでなく、記憶の感触（テクスチャー）とも言えそうな領域にも踏み込んでいる。次の第三章と第四章では、このような身体感覚とも関連する、「場所」と「物品」という観点から記憶の問題を考察してゆこう。

（＊21）切断された脚を飲み込んだ巨大鯨を、自己の延長（拡張）とも見なして追跡する、ハーマン・メルヴィル『白鯨』のエイハブ船長の執念を、このような観点からも論じる可能性を提示するのが堀内正規『「白鯨」探求――メルヴィルの〈運命〉』（小鳥遊書房、二〇二〇年）である。とくに「いかにして〈中心〉に向かうか」と題された第一二章の一節は、『白鯨』の一〇六―一〇八章でイシュメイルの語りが「モービィ・ディックに食いちぎられ欠損した片脚と義足」（堀内 二三六）に焦点を当てていることを取り上げ、「実際には存在しない、なくなった脚――それは想像され幻視される脚であると言えるが、それ以上に体で感じられる脚なのだ」（二三七）と論じる。そして「エイハブの幻の脚（phantom limb）」と題する章を含む先行研究も紹介している。

第三章

記憶と場所

記憶術と建築的構造

そもそも記憶はどこに蓄えられているのか。ごく常識的に考えれば、その答えは脳内以外にはありえない。私たちのもとに戻ってくる記憶はすべて容積約一三〇〇cc、重量一五〇〇グラム程度の組織内で起こっているものなのだという。だが、そのような説明がどこかシニカルに聞こえてしまう、あえて言えば「それだけではない」と言いたくなる心情を多くの人がもつことも事実ではないだろうか。私たちの記憶が視覚だけでなくさまざまな感覚と結びついていることは前章でも紹介したが、伊藤亜沙『記憶する体』に登場する全盲の女性は行きつけの店の椅子の感覚を「背中で覚えている」（伊藤 二〇一三）と形容する。また、自分の最初の記憶を深く探ってゆくときにも、「目の奥」や「首の後ろあたり」、「胸」あるいは「お腹」のあたりが意識されるという人もいるようである。(＊1)

何らかの形で脳に刻まれていると理屈では理解していながら、私たちは想起する行為が脳以外の身体的部位と結びついているように感じられたり、さらに自分の身体の外にある建物や物品とも結びつけられているように感じたりすることにも共感できる。思い出の物品については章を改めて後述するが、ここでは記憶と場所との関わりについて考えてみたい。まずは建築的空間との関連性について見てみよう。

第二章で取り上げた福岡伸一のエッセイも「記憶は不思議ならせん階段である」という印象的な一節で始まり、そこでは昔の思い出を探す試みが、建物の中を空間的に探し回る行為と重ね合わせられていた。すっかり改装された内部にかつての間取りを思い起こしながら、古い記憶との接点を探し回っていた福岡氏が出会うのが件の小さなドアであった。その奥の暗がりにひっそりと設置されたらせん状の非常階段は建物を上下に貫いていて、それを上り下りして各階の扉を開きながら、彼はかつての名残りを確かめてゆくのである。

らせんが一周、回転するごとに狭い踊り場があり、小さな扉が待っている。私は行きつ戻りつする。そっと扉を開いてみる。そこには、今や失われかけているけれど、かつて存在していた何らかの痕跡がある。らせん階段のループはその断片を互いにつなぎとめている。それらをたどるようにして私はこの本を作った。（福岡 二四九－二五〇）

ドアノブを回す手触りに加えて、リノベーションを逃れた非常階段の空間

（＊1）脳は受け取った信号が「脳の外部にあるかのように」主体に感じさせる特徴（意識の「参照性」）があるという（トッド・ファインバーグ、ジョン・M・マラット『意識の神秘を暴く』（鈴木大地訳、勁草書房、二〇二〇年）七一頁参照）。

配置がきっかけとなって当時の記憶が噴出してきたように、記憶と建築物の構造は昔から密接に結びつけられてきた。しかもそれを利用して記憶を強化する方法として、人為的に系統立てて練り上げられたのが「記憶術」(art of memory)である。自分の覚えたいものを好きなだけ正確に頭の中に蓄えて、必要に応じて自由に取り出す。そのような夢のような記憶力に憧れて、人々は古くから記憶術の彫琢に励んできた。とくに弁論術が優秀な政治家の条件となっていた古代ローマにおいては、人々の心に訴える演説のためにその内容を自らの血肉とするかのように記憶することが求められていた(*2)。

そのための手法の特徴として挙げられるのが、場所を利用して内容を空間的に配置することと、記憶したいイメージを強調することである。古代ローマ時代に書かれたものの中で唯一現存すると言われる、弁論術についての書『ヘレンニウスへ』(作者不詳、中世頃には弁論の名手キケロによって書かれたものと思われていた)では、その第一歩として「記憶するための場所」(memory place)を頭の中に思い浮かべることが求められている。自宅やなじみの街路など、ある程度区分けされていて自由に歩き回れるほどに具体的で見知ったものである方が好ましいという。そしてその中での移動ルートを決めたら、その途中に自分が覚えておきたい事柄をイメージさせるものを目印としておいておくのである。そしていよいよそれを再生するときになったら、その「記憶するための場所」でのルートを頭の中でたどりながら自分で置いたイメージをもとに思い出してゆく。

ともすれば揺らぎやすく、すぐに流れ去ってしまう記憶をつなぎ止めておくために、場所的な空間配置を利用して固定する、このような記憶術の始まりとしてあげられるのが、ギリシャの詩人シモニデスの物語である。たまたま宴会場を離れていたときにその屋根が崩れてしまうのだが、一人生き残ったシモニデスは激しく損傷したそれぞれの遺体が誰のものであるかを、彼らが座っていた場所と関連づけて覚えていたために判別することができ、遺族に引き渡すことができたのだという。(*3) キケロの『弁論術』でも紹介されるこのエピソードは、記憶を確かなものとするためには序列化された配置が有効であることを物語っている。

また、精神内での記憶するための場所においておくイメージ(賦活イメージ)は、覚えたい対象を記号性の強い象徴(シンボル)と結びつけることが重要なのだという。

(*2) 発想(inventio)、配列(dispositio)、措辞(elocutio)、記憶(memoria)、口演(pronuntiatio)の五つ(クインティリアヌス『弁論家の教育 2』(森谷宇一他訳、西洋古典叢書、二〇〇九年)参照)。

(*3) より詳細については、ホワイトヘッド『記憶をめぐる人文学』の第一章、桑木野『記憶術全史』、フランセス・イェイツ『記憶術』(玉泉八州男訳、水声社、一九九三年)、メアリー・カラザース『記憶術と書物——中世ヨーロッパの情報文化』(別宮貞徳監訳、工作社、一九九七年)でも紹介されている。また明治期を中心とした日本での記憶術の隆盛は岩井洋『記憶術のススメ——近代日本と立身出世』(青弓社、一九九七年)にもまとめられている。

桑木野は「王」を印象づけるために、人間ではなく「ライオン」に変換してさらに「王冠」をかぶせるという例を紹介して、そのプロセスにおける「隠喩」や「換喩」の重要性を指摘している（桑木野 二九）。このような手順が推奨されてきたのを目の当たりにすると、人間の記憶がどれほど丸暗記に向いていないものと見なされてきたかを痛感させられる。一八世紀初頭のイギリスの経験主義哲学者ジョン・ロックはその『教育論』で機械的な暗記による記憶に反対していたことが知られているが、[*4]記憶術による生き生きとした「完全な記憶」と機械的な丸暗記による「不完全な記憶」というこうした対比は現在にいたるまで、教育現場以外にもさまざまな場所で見ることができる。

記憶を確かなものとするための記憶術における、序列化された空間配置としての「場所」の重要性は中世ヨーロッパにおいてはさらに発展・複雑化してゆく。はじめは平面的だった区画は立体的なものも現れ、七本の柱と七つの階層に区切られた「記憶の劇場」まで考案され、さらにそれに付属する副劇場がイメージされるにいたる。[*5]

現代にも生き残る建築的記憶

あいまいな記憶力を統御する手法として隆盛した記憶術であるが、現代のPCやスマートフォン、クラウドストレージなどの大容量記録媒体を利用する私たちにはさすがに迂遠な手法に映るし、桑木野本が示すように、記憶術そのものは近代以後衰退していった。しかし、本章冒頭でも見た福岡伸一のエッセイにも明確に見られるように、その影響は記憶を頭の中の小部屋や、建築的階層を備えたものとしてとらえる比喩やイメージとして現代まで連綿と続いている。

一九世紀末に誕生した名探偵シャーロック・ホームズは、拡大鏡という光学機器や新聞というメディアに象徴される近代化のもたらした恩恵を駆使して事件を解決するが、彼が自身の知的活動を説明する際に、これまで見てきたような、自分の精神を空間的に区切られた小部屋としてとらえていることは注目に値する。(＊6)

「僕は思うに」とホームズは説明した。「人間の頭脳というのは、もとも

(＊4) ホワイトヘッド『記憶をめぐる人文学』の七六頁参照。
(＊5) 中世では人知を超えた世界の真理の領域に到達してそこに蓄積された知識を取り出すための技術として、ネオプラトニズムなどの神秘思想にも取り入れられていった。記憶術の技法が、自分の中の記憶を精巧に築き上げてゆくことで、意識を超えたところにある太古の記憶やイデアのような真の知識へとたどり着けるのではないかという想像力へとつながっていったのである(ホワイトヘッド『記憶をめぐる人文学』五四―五五頁参照)。
(＊6) 現代における記憶概念の構築と活用を提起する山本貴光『記憶のデザイン』(筑摩選書、二〇二〇年)でも、この一節が取り上げられている

と小さな空っぽの屋根裏部屋のようなもので、そこに自分の勝手に選んだ家具を入れとくべきなんだ。［……］熟練した職人は自分の頭脳部屋へしまい込む品物については、非常に注意を払う。仕事をするのに役立つものの他は決して手を出さず、といってその種類は非常に多いのだが、これらを彼は極めて順序よく、きちんと整理しておく。

そもそもこの頭脳部屋の壁が伸縮自在で、いくらでも拡がりうるものだと思うのがまちがっているんだ。」（コナン・ドイル『緋色の研究』（延原謙訳、新潮文庫、一九九八年）二三）

また、二〇世紀末に製作された映画『羊たちの沈黙』に登場する猟奇的人物ハンニバル・レクターを描いた小説『ハンニバル』にも記憶術についての記述があり、彼を追う捜査官クラリス・スターリングに関する記憶が取り出される様子も描かれている。彼は自分の頭の中に造りあげられた、「光と闇の交錯する広大にして複雑な記憶の宮殿」の入り口を、荘厳な教会のようにイメージしていて、肉体的に拘束されているときも彼はそこに引きこもることで精神の自由を得ることができるとされている。フィクションの物語とはいえ、人間の精神活動を空間的に構造化する記憶術のモデルが効果的に組み込まれている。

〝記憶の宮殿〟とは、古代の学者たちがよくたしなんでいた記憶術であり、ヴァンダル族が焚書に狂奔した中世の暗黒時代、そこには膨大な量の情報が蓄えられたものだった。先輩の学者たち同様、レクター博士も、一千の部屋に配された美術品に託して膨大な量の情報をそこに蓄えている。が、古代の学者たちのそれとは異なり、博士の宮殿にはもう一つ別の用途がある——博士は時々、そこで暮らすこともあるのだ。すさまじい絶叫が、それこそ地獄の竪琴のように鋼鉄の檻を震わせる凶悪犯収容棟。その一角に肉体を拘束されて横たわりながらも、博士の魂は多年、この〝記憶の宮殿〟の贅美なコレクションの間を逍遙してすごしたのだった。（トマス・ハリス『ハンニバル　下巻』（高見浩訳、新潮文庫、二〇〇〇年）六五）

レクターはこの記憶術の原理にならって、頭の中に築き上げた記憶の宮殿内を自在に移動できるのだが、彼はそこに「心やすくは訪うことのできない場所」が存在していることも自覚していて、そこは「キケロの論理も、秩序ある空間と光の原則も通じない」（六七）領域だとして記されていることも興味深い点である。

　繰り返し確認しておくと、これらの描写は脳内で実際に起こっている処理プロセスを私たちが内から直接的に把握しているのではなく、そのようなものとして実感されてきたということである。こうした記憶と建築物との関係、あるいは建築構造化した記憶自体をテーマとするのが、アニメーション映画『つみきのいえ』（加藤久仁生監督、二〇〇八年）である。次第に上がってゆく水位を逃れるように階を積み上げてゆく家にすむ老人の男性が主人公のこの物語では、水底に沈んだ下層が過去を表している。老人は長年愛用していたパイプをうっかり水中に落としてしまい、それを拾いに水没した階へと降りていった際に、すでに亡くなっている妻との記憶を偶然に思い出す。彼はもっと以前の妻との思い出を求めてさらに潜ってゆく。そして深く潜ってゆくほどに古い記憶が想起されて、二人（とその娘）で歩いてきた人生の節目を遡って回想してゆく過程がクレヨン画のようにノスタルジックなタッチで情緒的に描き出されてゆき、彼はついに最深層の第一階まで到達する。十数分ほどの物語であるが、私たちがここまで確認してきた、記憶術をはじめとする古代から受け継がれてきた記憶と場所をめぐるイメージを、現代的な形でクリアに描き出す叙述（ナラティブ）だと言えるだろう[*7]。

　プルーストはプチット・マドレーヌによってよみがえってきたコンブレーの記憶を、「思い出の建物」（プルースト『失われた時を求めて　1』一一三）という、建築的構造との関連性を喚起する形容をしているが、現代の文芸作品でも記憶と場所あるいは建築物が結びついたものは多く生み出されている。なかでも「家」はその典型の一つであり、そこに住む（あるいは住んでいた）人

（々）のあり様を映し出す媒体としてしばしば効果的に用いられている。

柴崎友香の「春の庭」[＊8]はそのような場所と結びついた記憶をめぐって構成された短篇である。主人公の一人の女性は、二〇年以上前の高校生の頃に目にした写真集に収められた家に今も憧れており、現在はその近くのアパートに暮らしているために、その家の内部を実際に見る機会を探している。『春の庭』と題されたその写真集はＣＭディレクターと女優との夫婦生活の場面を切り取ったもので、そこに写された風変わりな内装の家は彼らの自由なスタイルを映し出したものでもあった。

だが夫婦は写真集の撮られた後に離婚していて、その家にはすでに別の家族が住んでいるにもかかわらず、彼女はそこに惹かれ続けている。自分の憧れた写真集に描かれた生活はもう実在していないことが頭のどこかで分かっているのに、二〇年以上経った後も彼女は突き動かされるようにして、その生活を象徴する「全面に黄緑色のモザイクタイルが貼られた不思議な模様の風呂場」（柴崎「春の庭」五〇）を実際にその目で見ることを切望しているのである。彼女にとってその家は、自分がはじめて感じた自由な生活への憧れの記

（＊7）映画『インセプション』（クリストファー・ノーラン監督、二〇一〇年）でも記憶が建築物のように構成されていて、あまり触れたくない記憶はエレベーターで地下深く降りたところへと配置されている。
（＊8）柴崎友香『春の庭』（文春文庫、二〇一四年）所収

憶と結びついているのだが、それは彼女だけにとっての個人的なものであり、写真集を見た他の人物たちにはそのような強い感傷をかきたてられることはない。そして「春の庭」には実際にその思い出の場所を訪れても、それが期待していたものとは（物理的にも時間的にも）隔たってしまっていたことへの幻滅も描かれている。

「春の庭」はある場所がいくつもの過去の記憶イメージを貯めていることを描きだしているが、柴崎友香は他にもこうした複数の記憶が地層のように積み重ねられた場をめぐる作品を生み出し続けている。大阪を舞台とする『その街の今は』(*9)は若者たちの交流や恋愛といった微温的な日常の一幕を描いている。また、『千の扉』(*10)は、築四〇年あまり経つ東京の公営団地という、同じ構造の部屋が三〇〇〇戸ほどある建築物の中で積み重ねられてきた、多彩な個人的物語の集積となっている。そしてこれらの作品でも目を引くのは、そこで暮らす人物たちの過去だけでなく、彼ら自身も知らなかった「場所の記憶」が掘り出されて、彼らの現在へと積み重ねられてゆくことである。『その街の今は』の語り手は、大阪心斎橋近辺の戦後間もない頃の写真を偶然目にして、現在とはまったく違う様子であることに驚き、それ以来、当時についての雑誌記事やドキュメンタリーなどに関心を向けるようになる。また、『千の扉』でも団地の住人たちはしばしばそこに昔住んでいた人々に思いを馳せたり、あるいは、団地の地下には要人専用の秘密の地下道があるとか、団地が建つ以前には「昔は陸軍の施設があって、いまでも人骨が多数出てくる」などの都市伝説的な憶測も含めて、土地に埋もれた記憶についても頻繁に触れる。

こうした土地についての描写は、人物たちを描くものよりもしばしば詳細で、そこから立ちのぼる雰囲気の密度は、大阪の街や公営住宅の方が本当の主人公ではないかと思われてくるほどである。その語りの中で、語り手たちが直接経験してはいない時間と、自分の生きてきた時間の記憶とがめぐりあい、ゆるやかに接続されることで、彼─女─たちはあたかも自分の存在がそれまでよりも押し広げられるような不思議な気持ちになる。

『千の扉』の語り手千歳は、舞台となる東京の公営団地が、自分が幼い頃に大阪で住んでいた公団の間取りと同じであることから、自分がずっとここに住んでいたかのように思えてきて「自分はもしかしたらあの市営住宅のあの部屋にまだいるんじゃないか」（柴崎『千の扉』八）と考えてみたりもする。また、『その街の今は』の語り手は、昔の大阪の様子についての写真やドキュメンタリーを見て、自分の感じるなんとも言えない感覚をとらえたくてそこから目が離せなくなるが、彼女が何とか紡ぎ出す言葉はそのとらえがたさによる戸惑いもよく表している。


（＊9）柴崎友香『その街の今は』（新潮文庫、二〇〇九年）

（＊10）柴崎友香『千の扉』（中央公論新社、二〇一七年）

なんていうか、自分が今歩いてるここを、昔も歩いてた人がおるってことを実感したいねん。どんな人が、ここの道を歩いてたんか、知りたいって言うたらええんかな？　自分がいるとこと、写真の中のそこがつながってるって言うか……。だんだんなに言うてるんかわからんようになってきたけど（柴崎『その街の今は』一二六）

そこには若い頃の自分の両親たちも、その頃にどこかで生きているのだという、自分が生まれる以前から存在している（そして自分がいなくなった後も続くであろう）、より大きな時間の総体と向き合う驚きも含まれている。

そして、カラスが百年くらい生きることもあるらしい、という（まことに大阪人らしい）軽口に託しながら、語り手はその自分のライフスパンよりはるかに長い時の流れをつかんでみたいという期待を語る。

百年とまではいかなくても、五十年あのカラスが生きているとしたら、わたしが探している風景を知っていることになる。あの黒い目で、焼け跡だったこの街にどんどん建物が建ってたくさんの人がやってきて店を作ったり潰したりしてきたのを、ずっと見てきたことになる。しかも、あの空中写真みたいに上空から。そうだとしたら、見てきた景色をわた

しに教えてほしかった（柴崎『その街の今は』一三三）

この百年を見晴るかすカラスの目は、変わりゆくさまざまな場所に流れる時間を定点観測するかのような、人の身体を離れた視点となって、その後の柴崎の短編集『百年と一日』(*11)を束ねているということもできるだろう。

場所に蓄積される記憶——土地の霊

他人の物語であっても、それが非常に個人的な印象に彩られたものであるほどに、それを聞いたり読んだりする者にはどこか自分にもつながるところがあるように思われて、そこに引き込まれてゆくことを私たちはしばしば経験する。その土台にはこれまで見てきたように、流動的で不安定な記憶を確固とした建築的な構造物、あるいは土地や場所と結びつけて固定化するはたらきが関わっているようにも思われる。また自分を起点にして兄弟や父母、祖父母の生涯へと遡り、親族類縁の系譜をまとめあげる際にもその地域の歴史や記録が併せて用いられることで、それらが偶然の積み重ねなどではなく、何らかの因果によって結ばれた叙述（ナラティブ）だと強調されることがある。

（*11）柴崎友香『百年と一日』（筑摩書房、二〇二〇年）

フランス文学研究者でもあった筆者が「饗庭（あえば）」という自身の珍しい苗字のルーツを探る饗庭孝男『故郷の廃家』(＊12)は、祖父母から昭和五年生まれの自身にいたるまでの経歴をつづった私史であるが、その冒頭と結末部には自分が生まれた滋賀県大津を中心とする、近江地方の琵琶湖畔の景観とその地学的な成立経緯、および政治的な歴史がまとめられている。太平洋戦争中の生活の様子を含む、波乱と困難に充ちた内容だけでなく、このような叙述構成からも個人の記憶とその集積としての「歴史」が土地という場によって結び合わされているのだという筆者の意識を感じ取ることができる。

饗庭自身は記憶という言葉をそれほど頻繁には用いていないが、自分の幼少期の回想と併せて、公的な地誌や散逸した饗庭家の資料（その多くは土蔵破りによって持ち去られてしまったという）や、親類からの聞き取りをもとに再構成された記述は、本書において私たちが検討している「記憶」の性質と重なるところも多い。饗庭は自分の記述は「私歴史」であり、「夥しい大状況の歴史の中の一つの小さな劇にすぎない」（饗庭 一六八）と述べる。それは『無数の死者たち、どこかの村の小さな墓地と寺の過去帳に辛うじて名をとどめている人間たちの、かつての息づく声、身振り、つつましい人生を生きた死者たちの鎮魂の歴史」（一六八）を書きとどめることなのだと。彼が念頭に置く、（信長や秀吉などの著名な固有名を伴って語られる）「大状況としての歴史」に対抗するものとしての、つつましい「私歴史」は私たちが後でも取り上げる記憶の共有と「集合的記憶」（collective memory）にも関わっている。あいまいで散逸しやすい記憶を、何とかまとめ上げて再構築された叙述（ナラティブ）が人々のあいだで共有・検証される際に、建築物や場所が重要な役割を果たすことを思い起こさせてくれる。

個人の記憶が建築物のように階層的に表現されるだけでなく、個人を超えた記憶が長らく蓄えられてきているかのように感じられる場所に遭遇することがある。そのような個人のライフスパンを超えて記憶が蓄積された場所は、過去の歴史について教えてくれるアーカイブとしての機能だけでなく、しばしばその場所自身が人知を越えた不可思議な力をもつように感じられ、「土地の霊（ゲニウス・ロキ）」と表現されることがある。[*13]

蓄積された記憶や英知としての「場所の力」を小説に描き込む作家の一人にイギリスのE・M・フォースター（一八七九—一九七〇）がいる。彼自身が創作

（＊12）饗庭孝男『故郷の廃家』（新潮社、二〇〇五年）

（＊13）もともとは一八世紀イギリスの詩人アレクサンダー・ポウプが、庭園を設計するには「土地の精霊に相談しなくてはならない」（Consult the genius of the place in all）と記したことがきっかけとされる（「バーリントン卿リチャード・ボイルへの書簡Ⅳ」（*Epistle IV, to Richard Boyle, Earl of Burlington*））。またD・H・ロレンス（一八八五—一九三〇）も土地の霊に関心をもっていた作家の一人で、『アメリカ古典研究』（*Studies in Classic American Literature*）では「土地の霊」（The Spirit of Place）と題した一章を設けている。日本の事例では鈴木博之『東京の地霊』（ちくま学芸文庫、二〇〇九年）も参照。

のインスピレーションとして、「土地の霊(genius loci)と三度の出会いがあった」という言葉を残しているくらいに土地と人との結びつきを大切にしていたことが知られているが、彼の代表作『ハワーズ・エンド』もこのように場所が人におよぼす影響を豊かに描きだしている。(*14)

たとえばその一節では、人が出て行くことで家が衰弱してゆく様子を家の「死に方」と形容して、「肉体が死に絶える前に魂が抜け出ていく」のだと独特の表現で説明している。

家というものにはそれぞれ独特の死に方があるもので、幾世代もの人間と同じく千差万別、あるものは悲劇的な呻き声を発しながら倒れ、あるものは静かに倒れつつも、幽霊の都市で来世を得る。(フォースター 四〇六)

上が丸くなった玄関口を通って、家具、絵画、書物がつぎつぎに消えていき、遂には最後の部屋まで裸になり、最後の荷馬車が立ち去っていく。その後一、二週間くらい、家は自分の所が空っぽになって驚いたかのように、目を丸くしたまま立っていたが、それから倒れてしまった。(フォースター 四〇六)

そして本作のタイトル『ハワーズ・エンド』が、舞台となっているイングランド郊外の小さな家(コテージ)の呼称であることからも分かるように、この家が作品の主人公と言っても過言ではなく、その継承をめぐる人物模様や価値観の交錯が物語の主軸となっている。

そこには、この家に集約される、古くから受け継がれるイングランドの文化的な記憶の継承も描かれている。物語の冒頭では主人公の一人である女性が姉に向けた手紙の中で、その家の間取りや赤煉瓦造りの外観や、庭と牧場の境界にある大きな楡の木などについて愛着を込めて描いている。(＊15) この家は現在(二〇世紀初頭の設定)は実業家ヘンリー・ウィルコックスの所有物であるが、もともとは彼の妻ルースがイングランドのこの地域の出身であるためだった。ハワーズ・エンド邸はその周縁の土地の特質を象徴する存在であり、そこには土着の民間信仰めいたもの(庭の楡の木に豚の歯を差すと歯痛が治る、

(＊14) E・M・フォースター『ハワーズ・エンド』(小池滋訳、みすず書房、一九九四年) また、本作も含めてフォースターの「土地の霊」と「場所」を論じるものには、筒井均『E・M・フォースターと「土地の霊」』(英宝社、一九八三年)、塩田伊津子『E・M・フォースターと「場所の力」』(彩流社、二〇一一年) Jason Finch, *E.M. Forster and English Place: A Literary Topography* (Åbo Akademi Up, 2011)がある。

(＊15) ハワーズ・エンド邸は、著者フォースターが幼少期を過ごした、イングランド東部スティブネジの田舎屋敷「ルークス・ネスト」(Rooks Nest) が原型とされる。

など）も含まれていたが、近代化の進むイギリスのその原理に飲み込まれないユニークな存在としてひっそりと、だが力強く建っている。

この生まれ育った土地のように、自身も穏やかながらどこか超越的な雰囲気をただよわせるルース・ウィルコックス夫人は急に亡くなってしまうのだが、その家は彼女が見初めた若い女性（マーガレット・シュレーゲルというドイツ系にルーツがあるイギリス人）へと受け継がれてゆく。『ハワーズ・エンド』は場所や家に備わる「土地の霊（ゲニウス・ロキ）」の不思議な影響力だけでなく、屋敷とそれが建つイングランドの土地一帯、そしてそれらに体現される「イギリスの精神」とでも呼びうる文化的な「記憶の継承」をめぐる物語である。

ハワーズ・エンドの建つ二〇世紀初頭のイングランドの郊外が、近代化を象徴する「赤錆色」の煉瓦造りの家に覆われかけている様子を、「大都会ロンドンがどんどん忍びよってくるわ」（五四二）と形容する描写は現代に生きる私たちにはなおさら切実に響いてくる。その「ロンドン」は絶えず変化しながら、まるで生き物のように人間らしい生活を飲み込むものとして描かれている。

> 月ごとに道路はますますガソリンの臭いがひどくなり、ますます横断しにくくなっていく。人間同士話をする声がますます聞きとりにくくなり、吸う空気はますます濁り、空はますます見えなくなっていく。自然が退

却して、真夏というのに木の葉が落ち、汚れた大気越しに見える太陽はぽっと霞み、それを美しいと言う者もいる。(一六六)

ハワーズ・エンド邸に象徴される、古くから受け継がれてきた大地に根ざした生活を送る価値観は、近代化に洗い流されて人間らしさを失わないための手段として示されている。だがその土地の力の影響力は、誰にでもというわけではなく、それを受け取る感受性を備える者にはたらくものとして描かれていて、それは血縁によらない精神的・思想的な共鳴にもとづく記憶の共有および継承だといえる。そしてその家は古い前世代に属していながら同時に未来でもあるものとして示されている。

フォースターは他にも土地の力が人に不思議な影響をもたらす物語を多く残しているが、そのような力はしばしば予想外の啓示的瞬間として訪れるために、そこに飲み込まれた個人はときに翻弄される。そのような関心は、イタリアのラヴェロにある谷間の丘を訪れた一行の一人が不可解な混乱に襲われる初期の短篇「パニックの物語」から、最後の長篇『インドへの道』でマラバー洞窟に入っていった女性が暗闇と音の反響の中で自我が揺さぶられる場面にまで続いていると言えるだろう。

『ハワーズ・エンド』の物語は、場所の力(spirit of place)を備えた古き良き伝統の場所が郊外の都市化に脅かされていく様子を描く典型の一つであるが、このような関係を近代化による均質的な「空間」（space）と、個人や共同体にとって固有の意味がある「場所」（place）との対比でとらえる立場も知られている。(＊16) そのような場所にはそれぞれの人にとっての意味と意義が綾をなしていて、本書との関連で言えばそこにはしばしば過去の記憶が関わっている。このような研究（人文地理学）の古典であるイーフー・トゥアン『空間の経験』(＊17)の冒頭には、著名な物理学者のニールス・ボーアとヴェルナー・ハイゼンベルクの二人がデンマークのクロンボー城を訪れたときのエピソードが紹介されている。ボーアはハイゼンベルクに、この城にハムレットが住んでいたのだと考えるだけで城の見え方がまったく変わってしまうと感慨深げに語る（一三—一四）。ハムレットが実在していたことは証明できないにもかかわらず、それがシェイクスピアの作品の舞台となっていたことを知るだけで、その記憶によって単なる「空間」が「場所」へと変容してしまうのである。

私たちは、科学者として、城というものは石材だけでできていると信じていて、石材を組み立てて城にしていく建築家の腕前を素晴らしいと思っています。［……］ハムレットがここに住んでいたという事実によってどこも変わるはずはないのに、しかし、城は完全に変わってしまうのです。突然に、城壁と塁壁はまったく別の言葉を話し始めます。（トゥアン一三）

『空間の経験』は、ある部族にとっての「先祖たちの眠る」周囲の土地や、親しみのある家や故郷（ホーム）、特別な場所に建てられる聖堂などさまざまな例を挙げながら、そこに立つ個々人の視野（perspective）の中で経験や概念あるいは記憶と結びついて、均質的な「空間」が、その人にとっての特別な「場所」となってゆく運動を現象学的な観点から記述する（そして、たとえば部外者や幼い子どものように、そうした文脈を共有していない者にはまったくちがう印象がもたらされる場合についても記している）。また、その場を占める者の視野の中で空間が意味づけられてゆくだけでなく、そのような認識にもとづいて建築物も「内と外」、「手前と奥」、水平方向と垂直方向へと区分けされていることにも触れている。そこでは、利便性だけでなく区分けされた場所の優劣（地位の高い者のための場、など）がしばしば考慮される。このような経験的原理にもとづいて分割される空間は、本章のはじめに紹介した記憶術の原理とも親和性が高いことも興味深い点である。(*18)

（*16）代表的な議論は、フレドリック・ジェイムソン（Fredric Jameson）の *Postmodernism or the Cultural Logic of Late Capitalism* (Duke UP, 1991)や、アンドリュー・サッカー（Andrew Thacker）の *Moving through Modernity* (Manchester UP, 2003)を参照。
（*17）イーフー・トゥアン『空間の経験』（山本浩訳、ちくま学芸文庫、一九九三年）

集合的記憶の場

「土地の霊（ゲニウス・ロキ）」がその土地自身が長らく蓄積・維持（つまり記憶）してきた何らかの力（パワー）を意味するのに対して、特定の歴史的な出来事を後世に伝えるための場所が人為的に設えられることもある。そしてその場所は、そこで起こった事件や災厄、あるいは輝かしい達成を人々に想起させる。そのような場所は古くから世界各地に存在してるが、とくに近年、そうした機能の重要性が注目され、「記憶の場」（site of memory）と呼ばれて考察の対象ともなっている。この用語はフランスの社会学者ピエール・ノラが監修した同名の著作『記憶の場』（*Les Lieux de Memoire*, 1984-92）で理論化され、その後各地における想起のきっかけとなるものを考察するのに適用されてきた。[*19]

「記憶の場」は、特定の感受性をもった人物に予想できない影響をもたらすものではなく、訪れる者にそこで起こった出来事の内実を直接体験していないものにも伝えようとする。だが、このようなはたらきは画一化された「国家の記憶」へと収斂する危険性を秘めていることにも注意しなくてはならない。ノラがこのプロジェクトをはじめたのは、フランスにおける国家による歴史の一元的な政治的利用に対抗して、より小さく親密な複数の共同体と関連づけられた多様な記憶を調査するためであったが、それが再び国家によって国民をまとめあげるのに利用される可能性について近年の研究者たちが指摘していることにも注目しておきたい。

「記憶の場」には特定の場所だけでなく、それに関わる儀式や物品なども含まれていて、そのような装置の一つが「記念碑」である。カズオ・イシグロの『忘れられた巨人』(＊20)には、このような記念碑的なはたらきの原始的形体として巨人のケルン（cairn─積み石）が登場する。

悪事の被害者のために立派な碑が建てられることがある。生きている人々は、その碑によって、なされた悪事を記憶にとどめつづける。簡単な木の十字架や石に色を塗っただけの碑もあるし、歴史の裏に隠れたままの

（＊18）本書では論点を整理するために身体感覚と、場所的な空間把握とを便宜的に分けてはいるが、両者が密接に結びついていることは明らかである。それを科学的な見地からも検証している興味深い著作にバーバラ・トゥヴェルスキー『Mind in Motion──身体動作と空間が思考をつくる』（渡会圭子訳、森北出版、二〇二〇年）がある。

（＊19）この「記憶の場」（site of memory）という語は、本章の始めでも取り上げた、古代の記憶術についてまとめられたイェイツ『記憶術』における「記憶のための場所」（memory place）の概念からインスピレーションを得たものであることがノラ自身によって示されている（『記憶の場　第一巻』（谷川稔訳、岩波書店、二〇〇二年）一六頁）。

（＊20）カズオ・イシグロ『忘れられた巨人』（土屋政雄訳、ハヤカワepi文庫、二〇一七年）

碑もあるだろう。いずれも太古より連綿と建てられてきた碑の行列の一部だ。巨人のケルンもその一つかもしれない。たとえば、大昔、戦で大勢の無垢の若者が殺され、その悲劇を忘れないように建てられたのかもしれない(イシグロ『忘れられた巨人』四〇一)

だが、中世イングランドを舞台とする『忘れられた巨人』(原題は *The Buried Giant*「埋められた巨人」)では、この記念碑としての巨人のケルンは忘却の霧を吐き出す雌竜の巣の傍に建てられていて、想起と忘却が隣り合わせであることを示している。そして実際のところ登場人物たちは、それが本当は何のために建てられたのかを思い出すことができない。

記憶と忘却を主題とするこの作品では、想起する装置としての場所もいくつか登場するが、それを通じて「思い出される」過去が必ずしも当人が実際に体験したものではない可能性も示唆されている。すなわち民族的あるいは文化的集団に共有される集合的記憶(collective memory)である。記憶の集合的な性質を理論的にまとめたものは、フランスの社会学者モーリス・アルヴァックス(一八七七—一九四五)がその嚆矢(こうし)とされている。[*21] アルヴァックスは社会学者エミール・デュルケームの影響を受けながら、個々人の記憶が家族や階級、社会集団など所属する共同体内で共有されることに注目して、それを歴史とは区別して「集合的記憶」という語を案出し、彼以降の世代(ポール・コナトンなど）の研究者たちによって分析のための概念として洗練された。この集合的記憶という概念はそれが想起される際の思考や観念の枠組（フレーム）に大きく影響されることも含意しており、その再構築性と可塑性こそがいわゆる歴史的記述との大きな違いだといえる。

アルヴァックスたちの立場では、各々の記憶が集団の中で共有されるだけでなく、その個人的な記憶でさえも社会的な関係の中で構築・獲得されることが強調されている。そして彼らは、集合的記憶が後の世代へも継承されてゆく現象にも注目する。その記憶伝達のための装置として着目されるのが記念行事や儀式である（そこでは第二章で取り上げたベルクソン的な身体による習慣的記憶も大切な役割を果たす）が、それと並んで本章のテーマでもある「場所」が重要なはたらきをする。再びイシグロの『忘れられた巨人』の一場面を、記憶を伝達する「記憶の場」の観点から取り上げてみよう。

『忘れられた巨人』は中世イングランドにおけるブリトン人とサクソン人との対立がテーマの一つとなっていて、古い修道院を訪れたサクソン人の戦士

（＊21）集合的記憶については、ホワイトヘッド『記憶をめぐる人文学』第四章、モーリス・アルヴァックス『集合的記憶』（小関藤一郎訳、行路社、一九八九年）、アルヴァックス『記憶の社会的枠組み』（鈴木智之訳、青弓社、二〇一八年）、ポール・コナトン『社会はいかに記憶するか――個人と社会の関係』（芦刈美紀子訳、新曜社、二〇一一年）、金瑛『記憶の社会学とアルヴァックス』（晃洋書房、二〇二〇年）などを参照。

ウィスタンは、同行するサクソン人の少年エドウィンに対して、そこに建つ塔が何のためのものだったのかを考えさせる。戦士が試みているのは自分が幼い頃に経験した、ブリトン人によるサクソン人の殲滅という血塗られた過去についての集合的記憶を少年へと伝えて共有することである。

ここを砦と想像してみよう。何日にもわたる包囲攻撃が終わり、いよいよ敵が攻め込んできた。どの中庭でも、どの壁の上でも、戦闘が起こる。君は思い描けるかな――そこの中央広場にサクソンの同志が二人いて、大勢のブリトン人を食い止めているところを。じつに勇敢な戦いぶりだが、敵はあまりにも大勢で、同志二人は後退せざるをえない。後退して、ここに逃げ込んだとしよう。そう、この塔の中だ。（イシグロ『忘れられた巨人』二九四）

それはすなわち、自分たちが生まれる以前のサクソン人の祖先たちの記憶をさぐることでもあった。そこで本当に何が起こったのかは「だれにもわからない」と留保しながらも、二人は協働して、現在は修道士たちの祈りの場として使われているその塔が、以前はサクソン人とブリトン人との戦いの場として使われた煙突であることを「思い出す」のである。

そして物語の終盤で明らかになるのは、このサクソン人の戦士は自分たちの部族を壊滅させたブリトン人たちへの恨みと復讐心を抱えていて、この世界を覆う忘却の霧が晴れて皆の記憶が戻ってくることがあれば、その出来事のはるか後に生まれた、同じくサクソン人であるエドウィン少年にも民族虐殺（ジェノサイド）の記憶と復讐心とが継承されるのを願っているということである。戦士はこの民族の記憶を「忘れられていた巨人」（英語の原文では"buried"「埋められていた」）と形容する。

かつて地中に葬られ、忘れられていた巨人が動き出します。遠からず立ち上がるでしょう。そのとき、二つの民族の間に結ばれていた友好の絆など、娘らが小さな花の茎で作る結び目ほどの強さもありません。男たちは夜間に隣人の家を焼き、夜明けに木から子どもを吊るすでしょう。川は何日も流れ下って膨らんだ死体とその悪臭であふれます。わが軍は進軍をつづけ、怒りと復讐への渇きによって勢力を拡大しつづけます（四四七）

忘却をテーマとする『忘れられた巨人』には、先述の巨人のケルン同様に、忘却されていた記憶を想起して共有するための装置としての「記憶の場」もセットされていることを思い起こさせる事例である。

本章では「記憶と場所」との関連性に着目して、個人的な記憶を確かなものにするための、秩序だった建築的構造を備えた「記憶するための場所」（memory place）を用いた記憶術から、土地に堆積した記憶の総体ともみなされうる「土地の霊（ゲニウス・ロキ）」あるいは「場所の力」、そして個人を超えた集団の内部で記憶が共有されたり、世代間で伝播させたりする装置としての「記憶の場」（site of memory）へと議論を広げてきた。次章では少し観点を移して、記憶を蓄える装置の中でも、持ち運びのできる「記憶の物品」に注目してみよう。

第四章

思い出の品々

物品に込められた記憶――『憧憬論』

「誰かが使っていたものにはその人の記憶が込められている」――そのような主張には多くの人にとって、非科学的な妄言だとは一蹴することのできない一定のリアリティがある。学生時代のどうしようもなかった自分に目をかけてくれた先生からもらった何の変哲もないペンや、全力で取り組んでいた部活動で使っていたボールやラケット、ユニフォームといった道具のように、実際にはもう使わない（使えない）のに何となく捨てがたく、手元に置き続けている品物には誰しも思い当たるものがあるだろう。そのような品物が、持ち主だけにとっての意味や情緒を喚起してくれる働きについて、「物品は記憶を秘めている」と呼ぶことは、それほど実情に反しているとは言えないように思われる。

このような思い出の品が喚起する記憶が重要な役割を果たす物語に私たちは出会い続けている。たとえば小川洋子は『博士の愛した数式』をはじめとして、記憶や思い出、ノスタルジアをしばしば作品の主題としているが、彼女の代表作の一つである『猫を抱いて象と泳ぐ』(*1)には、謎に包まれたチェスの名手として語り継がれることになる人物が宝物として持ち続ける、水色の表紙のノートが登場する。それは彼が少年のとき、自分にチェスを教えてくれた「マスター」にはじめて勝利したゲームの棋譜を記したものだった。

後々振り返れば、さほどの新鮮さは感じられない、ミスの目立つ平凡な棋譜だった。少年はこれ以上の、目を見張るほどの棋譜をいくつも残すことになる。しかし折に触れ、彼が立ち返るのは必ず、マスターに初めて勝利した時の棋譜だった（小川『猫を抱いて象と泳ぐ』六八）

そのノートは、彼がその後繰り返し開くことになる「別格の小箱」となったことが示されていて、実際に彼はその後何度もゲームの重要な局面で当時の駒たちの軌跡を思い出す。それらはチェスの戦略としてはまったく有益でなくとも、そのような実用性を超えたところにある貴重な情緒の記憶を刻んでいるのである。[*2]

カズオ・イシグロの『わたしを離さないで』[*3]も全編が幼少期の貴重な黄金時代への郷愁（そしてそこから連れ出されて、もう戻ることはできないのだという悲哀）に彩られているが、そこにも大切な思い出の品であるカセットテー

（＊1）小川洋子『猫を抱いて象と泳ぐ』（文藝春秋、二〇〇九年）

（＊2）次章と「おわりに」でも取り上げる『密やかな結晶』や『小箱』など、彼女の小説では記憶が狭い空間や小さな物品と結びつけられることも多い。

（＊3）カズオ・イシグロ『わたしを離さないで』（土屋政雄訳、ハヤカワepi文庫、二〇〇八年）

プが象徴的な形で登場する。それは語り手キャシー・Hが子ども時代を過ごしていた施設で繰り返し聞いていたものだったが、彼女は大人になった現在でも、(カセットデッキが不調になって実際には聞けなくなってしまったにもかかわらず)手元に持ち続けている。

いまでもそのテープを持っています。とくにどうこう言うような音楽ではなく、聞くこともあまりありません。テープ自体が、ブローチや指輪同様の思い出の品です。ルースがいなくなったいま、わたしに残された大切な宝物の一つです。(イシグロ『わたしを離さないで』一二〇)

彼女にとって重要なのは、そこに実際に記録されている歌ではなく、そのカセットテープをめぐって展開された数々の出来事についての個人的な思い出であり、それは当時の愛憎入り交じる親密な友情や、まだそのときははっきりとは理解できていなかった、彼女たちをとりまく運命についての謎めいた感情を喚起する機能をもっている。(*4)

そのような物品に込められた記憶の物語はしばしば他人にも伝わったり、時代を超えて共有されたりもする。そのときそれらの物品は、写真がそうであったように、自身が巻き込まれていた過去の状況についての「証拠品」や「記念物」、「遺品」、あるいは後述するように「証言する物品(オブジェクト)」とも呼ばれるものになり、ときには博物館などに陳列されて、その物語（ナラティブ）が現実のものだったことを後世に伝えてくれる。個人的な思い出の品と、過去の事件の証拠物とは一見対極の働きを帯びているが、記憶研究の古典の一つスーザン・スチュワートの『憧憬論』(＊5)は、両者とも実用的機能から離れた「象徴的機能」にもとづいているという点では類似したものだと論じる。

副題を「縮小されたもの（ミニチュア）、巨大なもの、記念品、コレクション」とするこの本は、私たちが日常的に使っていた品物が記念物となってゆく過程について独特の思索を展開し、こうした物品と記憶との関わりを考察するための奥深いヒントを数多く与えてくれる。その射程は、写真アルバムやベビー・ブック、スクラップブック、メモリー・キルトだけでなく、旅先で購入するエッフェル塔などの観光名所のミニチュアにまでおよんでいる(＊6)。

（＊4）田尻芳樹・三村尚央編『カズオ・イシグロ『わたしを離さないで』を読む』（水声社、二〇一八年）収録の拙論「『わたしを離さないで』に描かれる記憶の記念物の手触りをめぐる考察」では、スチュワートが提示する物品の「実用的価値」とノスタルジックな「象徴的価値」との対比からこの作品の読解を試みている。

（＊5）Susan Stewart, *On Longing: Narratives of the Miniature, the Gigantic, the Souvenir, the Collection* (Duke UP, 1983) 残念ながら邦訳はないが、四方田、今福（編）『世界文学のフロンティア〈4〉ノスタルジア』に収録されている高山宏氏による抄訳でもそのエッセンスを感じ取ることができる。なお、現在でも非常に刺激的な内容なので、『憧憬論』の引用は拙訳である。有志による翻訳が待たれる本である。

私たちはなぜこのような物品を購入、あるいは保持して身辺に置いておくのだろうか。その一見自明だが、いざ説明を試みると意外に難しい動機について、スチュワートはそれにまつわる過去や経験がありありとした「本物」であったこと、またはその「真正性（本物らしさ）」（authenticity）と結びついたものだからと説明する。それらの物品（とくに観光土産、たとえばミニチュアのエッフェル塔や東京スカイ・ツリー、あるいは観光地のプリントが施されたクッションなど）にはそれ自体の実用的な価値はほとんどないが、そういった記念品はお金では買うことのできないその場所での経験としばしば結びつけられていて、「記念品は経験や場所の真正性と結びつくことで、自身が叙述（ナラティブ）の起源の場となる」（Stewart 137）のだと述べる。(*7)

すなわち重要なのは、その物品とその所有者とのあいだでの体験および経験についての叙述なのだが、そうした叙述は「あらゆる人の経験を包含するほどに一般化することはできず、その記念品の持ち主だけに意味がある」（137）こともその特徴だとスチュワートは強調する。そうした物品は、いわゆる大量生産品であったり、一見何の役にも立たなさそうなものであっても、その所有者の内的な叙述（ナラティブ）と結びつき、またその他の同様の物品たちとコレクションを形成することで個別的な意味の織物（テクスト）を形成している。だから、私たちはそのような他人の所有物を、「気休めのお守り」だと軽々しく揶揄したり、「邪魔だから」と勝手に処分したりすべきではないのである。

スチュワートはこうした記念品の「二重の機能」として、「ある過去の出来事や遠く離れた経験が本物であることを証明し、それと同時に現在に対する信用性を落とすこと」を挙げる。それは記念品が象徴する生き生きとした過去に対して、現在が比較的味気ないように感じられるだけでなく、両者のあいだでの隔たりを強く感じさせて、言いようのないノスタルジアを喚起することも意味する。

親密な隔たり——記憶の物質性（マテリアリティ）

記念品が喚起する親密で直接的な手に取れるような過去の経験と比べれば、現在とはあまりに一般的で、ぼんやりとした、よそよそしい存在な

（＊6）スチュワートは旅先の地名の刻まれたマッチ箱や葉書、鉛筆や灰皿、あるいは華美に装飾されたクッションなどのように、実用的機能を離れた象徴的機能をはたす観光土産品についてのディーン・マッカネルの議論（『ザ・ツーリスト——高度近代社会の構造分析』（安村克己他訳、学文社、二〇一二年））も紹介している。

（＊7）ほかに、Object Lessonシリーズの Rolf Potts, *Souvenir* (Bloomsbury Academic, 2018)や、Margaret Majua and David Weingarten, *Souvenir Buildings and Miniature Monuments* (Abrams, 1996)も参考になる。

のである。ここで喚起される対象とは、本物らしさ［真正性 authenticity］である。ここと あちらの間にあるのは忘却、すなわち現在と過去のあいだを深く分ける空隙である。記念品がもたらすノスタルジアは、現在と想像された（直接的に生きられていたであろう）無垢の時代の経験とのあいだの隔たりにおいて作用する。（Stewart 139）

こうして、現在の時間と場所からは隔たったところにある過去の「本物らしさ（真正性）」と結びついている記念の品々は、多かれ少なかれ「異郷的（エキゾチック）」なものとなるのだが、この作用は、自分の生まれるより以前の、実際には経験していない過去と結びついた物品（すなわち骨董品）にも生じる。記念品としての骨董品は、「触れることのできないほどに遠い昔へのノスタルジアという重荷を帯びて」いるが、その過去とは結果的に「一族や村、人びとが直接的につながっていた頃の共同体の経験」が想像的に織り込まれたものとなる。記念品や骨董品が生み出すこのような作用をスチュワートは、現在と過去のあいだでの「親密な隔たり」（an intimate distance）（Stewart 139）と呼び、この隔たりにおいてこそノスタルジアが生じるのだと論じる。また、こうしたノスタルジアは実際に体験したものであろうとなかろうと、創造と想像力をまじえた再構成であることも強調する。

そのような幼年期は生きられていたとおりの幼年期ではない。それは意図的に回想された記憶であり、当時から生き残った素材を利用して作りだされた子ども時代なのである。つまりそれは過去の再現というよりも、現在によって出来上がっている寄せ集め(コラージュ)なのである。写真たちを納めたアルバムや古遺物のコレクションのように、過去は現存する切片たちによって構成されるものである。これらの事物とそれが指し示す対象の間には、いかなる連続的な同一性も存在せず、記憶の働きだけが両者のあいだの類似性を形成するにすぎない。そして、この類似性と同一性のあいだで生まれる隙間において、ノスタルジックな欲望は引き起こされるのである。ノスタルジアは、対象そのものではなく、その隔たり(ディスタンス)に心奪われることとなのである。(145)

記念品へのノスタルジアをめぐるこの著作における彼女の思索は、記憶の再構築性と可塑性、そしてそのような可塑性を含みながら再構築されたものが「本物らしく」感じられるという記憶の真正性についての私たちの考察を進めてゆく助けともなってくれることがよく伝わる一節である。

さらにスチュワートは、このような物品がしばしば虚構の物語でも、その叙述に「本物らしさ(真正性)」を効果的に付与する働きにも目を向けている。その例として、一九世紀末から二〇世紀にかけて頻繁におこなわれていたフリーク・ショーの終わりがしばしば記念品の登場によって盛り上がりを見せていたことを挙げ、一九四一年にワシントンDCでおこなわれた巨人男と侏儒女のショーの結びではショーの土産品として巨人の指輪が売り出されていたことを紹介している。

> さて、ここにある指輪にはそれぞれ私の名前と職業が刻まれています。本日私はこちらを記念品としてお渡しいたします。それには、今から言う手順でお願いしますよ。
>
> 　いまここに私が手にしている小冊子には、私たちの結婚生活のすべてが描いてあります。そして私たち二人の人生や写真だけでなく、私たちの結婚生活に関する十の質問とその答えが載っています。さぁ、私たちについてあなたが知りたいことのすべてがこの冊子の中にあるのです。これを一〇セントで一冊買ってくださった方には指輪を一つお渡しいたします。
>
> 　さぁ、もしこのサーカスの珍しいお土産を持って帰りたい方は一〇セント銅貨（ダイム）を掲げてください。お待ちしておりますよ。全部でたった一〇セントですよ。（Stewart 134）

この指輪は、観客たちが見てきた信じられないようなものが「本物（オーセンティック）」だと証明するはたらきをもつことをスチュワートは強調する。その所有者と彼（女）の語る叙述（ナラティブ）を聞くものには、それがリアルな事実であったという感覚を証明する「証拠物」あるいは「経験のサンプル」としてはたらくのである。(＊8)

そしてスチュワートはこのような機能が効果的に用いられている物語の例として、ジョナサン・スウィフトの『ガリバー旅行記』(＊9)を挙げる。さまざまな国での冒険に巻き込まれたガリバーは旅先から多くの土産品を持ち帰る。小人の国リリパットからは子牛、羊、金貨、そして「皇帝の等身大の肖像画」（スウィフト 一〇八）を、また、巨人の国ブロブディンナグからは「珍しい品々の数々［……］国王のあごひげで作った例の櫛、そしてもうひとつ、歯は同じ材料ながら、背には王妃の親指の爪の切りくずを使った櫛」（スウィフト 二一七）、そして針やピン、王妃の抜け毛や金の指輪、そして侍女のつま先から切り取ったうおのめ、ネズミの皮で作ったズボンや従僕の歯などである。これらの記念品は、フリーク・ショーでの巨人の指輪やパンフレット同様に、「ガリバーの旅先での経験の証拠品として働き、彼自身の縮尺による寸法を証

（＊8） この点は、第一章で見た、証拠としての写真（「それがたしかに、実在した」という証明として）の真正性、そして記憶の真正性とも重なる。
（＊9） ジョナサン・スウィフト『ガリバー旅行記』（山田蘭訳、角川文庫、二〇一二年） また近年では富山太佳夫訳が岩波書店より二〇一三年、高山宏訳が研究社より二〇二一年に出版されている。なお、柴田元幸による翻訳も朝日新聞紙上で連載中である（二〇二一年五月現在）。

明する」（Stewart 146）。スチュワートはそれらの品が、ガリバーによる物語叙述の文脈のなかでこそ意味をもち、「それなしでは単なる無意味な品であるだけでなく、巨大なガラクタ」であるという象徴的機能を強調する。すなわち、私たちから隔てられた、にわかには信じがたい存在をめぐる、「他人に直接伝えることはできないが、異邦の地での、ときには危険なまでに生々しい経験」（Stewart 146）が本物であることを証明するのである。こうした物語上の小道具は、ゴシック恐怖物語ではしばしば用いられ、スチュワートが『憧憬論』で例に挙げる、W・W・ジェイコブズによる恐怖物語の古典「猿の手」だけでなく、ナサニエル・ホーソーン『緋文字』の冒頭で発見される、「A」の文字をかたどった布切れのように、こうした物品は物語の「本物らしさ」（authenticity）を保証するようにはたらく。(*10)

これらの記念物を目にしたり、実際に触れたりしているとき、私たちは物品たちがその内に蔵された記憶の物語を解凍して語りかけてくれているような気持ちになることがある。そうした遺物から物語を筋道立てて再構成する行為はあたかも論理的な考古学者や探偵のようであるが、(*11)そのような「科学的」アプローチが、未だ証明されていない一部の疑似科学的な特殊ケースとも地続きとなっていることはフロイトやコナン・ドイルが心霊現象や超心理学、超常現象に並々ならぬ関心を注いでいたことからもうかがえる。

現代においても、物品に残された記憶や思念を読み取る能力がSF的なフィクション作品（たとえば漫画『サイコメトラー』（安童夕馬、朝基まさし、講談社、一九九六―二〇〇〇年）や映画『スキャナー』（金子修介監督、二〇一五年）、恩田陸の小説『スキマワラシ』（集英社、二〇二〇年））にも描かれている。また、漫画『秘密』（清水玲子、白泉社、一九九九―二〇一二年）のように、脳に物理的に残された記憶の映像をビデオのように読み取る設定としても現れている。このような同時代の物理的な記録メディアの発展を反映するかのような記憶観（あるいは第三章でまとめた記憶術にもつながる建築的構成のメタファーを思

（＊10）この点は第一章での『アウステルリッツ』の写真をめぐる議論を思い浮かべても良いだろう。また虚構の存在を描く叙述がリアリティを立ち上げてゆく仕組みについては、たとえば一九世紀末から二〇世紀初頭にかけて発達した恐竜物語を論じる南谷奉良「洞窟のなかの幻想の怪物」（『幻想と怪奇の英文学Ⅳ』（東雅夫、下楠昌哉編、春風社、二〇二〇年）所収）も参考になる。なかでも本章との関連では、「発見された手稿」（found manuscript）というゴシック小説の伝統と、疑似ドキュメンタリー映画での「発見された映像」（found footage）の技法とのつながりについて論じる一節も興味深い。

（＊11）残された物品という断片からそれが置かれていた物語や歴史的・文化的文脈を読み取ろうとする考古学的アプローチが一九世紀末から二〇世紀初頭のヨーロッパでフロイトの精神分析やホームズの探偵小説の起源の一つともなっていることをカルロ・ギンズブルグ『神話・寓意・徴候』（竹山博英訳、せりか書房、一九八八年）は教えてくれる。また記憶術の技法がネオプラトニズムの神秘主義的な期待へとつながっていったことを思い出してもよいだろう（本書の第三章の註5を参照）

い浮かべてもよいだろう）は、写真が発達していた二〇世紀初頭ヴィクトリア時代のイギリスで、殺人事件の被害者の目には最期に見たはずの犯人のイメージが残されているのではと考えられていたこと（オプトグラフィー optgraphy）とも併せた「メディア史と記憶観」として考察しても興味深い。[*12]

このような一見突飛な設定の根底あるいは中核には、これまでみてきたような物品が喚起する記憶をめぐる、私たちが共有する実感が秘められている。そのとき、実際には「見たり触れたりした物品がきっかけ（trigger）となって脳が記憶を再構築（あるいは再創造）している」にすぎないのだが、（第二章で見た身体的記憶の場合と同様に）私たちの実感としては「それ以上のこと」が起こっているように思われる。本来は非物質的なものである記憶が物品へと託されたり媒介されたりして、あたかもその質感（手触り）が増大して私たちを飲み込んでくるかのように感じるし、そのような意識の制御を超える経験にしばしば不安混じりの心地よさすら覚える。プルーストの『失われた時を求めて』でもマドレーヌを浸したお茶によってよみがえってくる「コンブレー」の記憶も、語り手にとって「過去は知性の領域外の、知性の手の届かないところで、たとえば予想もしなかった品物のなかに（この品物の与える感覚のなかに）潜んでいる」（プルースト『失われた時を求めて 1』一〇九）ようにも感じられて、それをある「日本の紙製の玩具」（水中花）の特徴になぞらえる。それを水に浸すと「たちまち伸び広がり、ねじれ、色がつき、それぞれ形が異なって、はっきり花や家や人間だと分かるようになってゆく」ように、コンブレーのすべてが「がっしりと形をなし、町も庭も、私の一杯のお茶からとび出してきた」（プルースト『失われた時を求めて　1』一一四）という感覚である。

　第三章の記憶の建築的構成に関連して触れたアニメーション『つみきのいえ』でも、このようなノスタルジックな記憶の物品が重要な役割を果たしている。先述したように、主人公のおじいさんが妻のことを強く思い出したのは、水の中に落としたパイプを拾い上げた瞬間に、彼女の記憶がフラッシュ

（＊12）Optgraphyについては以下の記事を参照。

“How Forensic Scientists Once Tried to “See” a Dead Person's Last Sight”

https://www.smithsonianmag.com/smart-news/how-forensic-scientists-once-tried-see-dead-persons-last-sight-180959157/?fbclid=IwAR3R36LfLiazQbjc2uf1T9icapVmLxOrr31mMuf_2u3RoTa3quOT7cm-wYE

　また一九八〇年代の日本で描かれた漫画『聖闘士星矢』（車田正美、集英社、一九八六―一九九〇年）には、主人公の一人（キグナス氷河）に倒されたブラックスワンが、キグナスの必殺技ダイヤモンド・ダストのイメージを刻んだ右の眼球をえぐり出して首領であるフェニックス一輝に送り届ける場面も描かれているのだが、このくだりは現代におけるオプトグラフィー的想像力の一例として英語版のWikipediaにも挙げられている。オプトグラフィーについてのこれらの事例は、境界科学の歴史研究を専門とする浜野志保氏（千葉工業大学）にご教示いただきました。浜野先生のご厚意に感謝申し上げます。

バックしたことであった。彼は水に沈んだ記憶の塔に深く潜って行きながら、パイプやベッドなどがきっかけとなって、愛するおばあさんが生きていた頃の記憶をさかのぼって思い出してゆく。そして結婚当初に手に入れたペアのワイングラスを水の底からすくい出して、おばあさんの写真とともに現在暮らしている部屋に大切に置く場面で幕を閉じる。

また、このような物品に触れるときに私たちは、たとえ自分のものではなくても、それらがくぐり抜けてきたであろう「記憶の物語」たちを想像することができる。写真集『愛されすぎたぬいぐるみたち』(*13)には実際に所有されていた数多くのぬいぐるみたちの写真が収められていて、その持ち主や経歴について補助的に文章が付されてはいる(大人になってからも大切にしていたのに、不運な事件のためにバラバラになってしまったものがつなぎ合わせられた、など)が、その隣のページに置かれた写真が写し出すぬいぐるみの使用感やほころびは、その説明以上の情緒的な印象を見るものの内に喚起する。へたり、ほつれ、ときには一部が引きちぎられている様子は、そのような状態になるまで、各々のぬいぐるみが子どもたちに(あるいは大人になってからも)どれほどの愛情を注がれてきたかを伝えてくれる。そのとき私たちは、ある意味では持ち主の記憶が伝達され、共有される現象に立ち会っていると言うこともできるだろう。つまり、個別的な思い出の品々でありながらも、それがどのような過去に置かれているのかという叙述(ナラティブ)を他者に伝える媒体ともなるという、「記憶の共同性」である。

高校生の男女二人のあいだでの入れ替わりをテーマとする新海誠のアニメ『君の名は。』(*14)にも、さまざまな過去を想起し、共有するための仕掛け(デバイス)が多々盛り込まれている。本章の主題である物品に関わるモチーフとしては、主人公の一人である三葉が暮らす宮水神社に口中で噛んだ米を醸して造る「口噛み酒」の儀式が伝承されている設定となっていて、作品中で過去を蘇らせるキー・アイテムの一つとなっている。また、三葉が東京の電車の中で、自身の大切な片割れでもある瀧に渡す組紐の髪留めが重要な役割を果たしていることもすぐに見てとることができる。受け取った瀧も、なぜだかはっきりとは分からないがその後ずっと身につけていたその組紐から、そこに蔵されていた過去が跳び出してくるように時間が「むすび」となる。そして、物語中で何度もその形状になぞらえられる、現在と過去とが「ねじれ、絡まり、戻り、

(*13) マーク・ニクソン『愛されすぎたぬいぐるみたち』(金井真弓訳、オークラ出版、二〇一七年)

(*14)『君の名は。』(新海誠監督、二〇一六年)。本作にも表れている、失われた過去を取り戻したい(やりなおしたい)という欲求は、『星を追う子ども』(二〇一一年)でより直接的に描かれている。

(*15) 宮水神社の「ご神体」が山奥の広大な窪地として象徴的に描かれるように、新海誠作品では「風景」も重要な役割を果たしている。それを考察する試みとしては、たとえば『ユリイカ』二〇一六年九月号(特集 新海誠)所収の渡邉大輔「彗星の流れる「風景」」や河野聡子「新海誠の「風景」の展開」がある。

つながる」(神話的とも呼びうるような)時間感覚へとふたりをいざない、別の時間軸への門がひらかれる。(*15)こうした想起のための装置(デバイス)たちは、三葉と瀧のあいだだけでなく、より広く長い範囲での過去の共有と伝承にも関わっていることが次第に明らかとなる。そのプロセスは、過去を別様に想起するという「記憶の可塑性」を示すだけでなく、それを利用して別の未来を想像する可能性も(希望的に、あるいは希望的にすぎるほどに)描き出している。

また本章の以降の議論との関連性から『君の名は。』で注目しておきたいのは、この作品では想起のきっかけとして用いられる物品や場所、および(互いの中にいたという)身体的感覚とは対照的に、「文字」(あるいは「名前」でさえも)には記憶媒体としてほとんど重要性が置かれていないことである(宮水神社に古くから伝わっていた重要な文書は大火によって失われ、種々の儀式だけが伝えられてきたことや、スマートフォンに記録していた文字が糸をほどくように消失してゆく場面など)。むしろ、私たちが日常的(つまり安易に)に用いている文字を奪い去ることで、その他の物品や手触り、あるいは場所を通じた記憶の共有と伝達の鮮烈さが際立つように描かれているようにも思われる。

SF作家ケン・リュウの短篇「紙の動物園」(*16)では、ある人の思いを込めた物品が別の人へと伝えられるプロセスが、魔法で動く折り紙という象徴的なモチーフに表されている。主人公ジャックはコネチカット州に暮らしていて、父親はアメリカ人、母親は中国人である(母親が一六歳でアメリカに渡ってきたのは文化大革命による混迷が原因だったことも作中で示される）。母親の特技は動物の折り紙で、何の変哲もない包装紙が生き生きと動きだすというものであった。彼女が巧みにつくり出すさまざまな動物折り紙のなかでも「老虎（ラオフー）」が幼い頃のジャックのお気に入りで、元気に走り回るだけでなく唸り声もあげるのだった（「猫の声と新聞が擦れ合う音の中間のような声」（リュウ 一〇）だという）。だがジャックはアメリカ文化に浸りながら成長するにつれて、いつまでもそこになじめず英語も拙いままの母親を毛嫌いするようになり（「あんな女性が自分を生んだとは信じがたかった。僕らはなにひとつ共有しているものがなかった。母さんは月から来た人間みたいなものだった」（二一））、彼女の作った折り紙の動物たちもみすぼらしい「クズ」のように感じられ、缶に入れられて屋根裏部屋へと追いやられてしまう。その後母親は癌のために若くして亡くなってしまうのだが、それからしばらくたったあるとき、自宅の片隅に置かれていた老虎がジャックのもとにやってきて、ひとりでに開いてゆくとその裏側に息子へと宛てた生前の母からの手紙が書かれているのを目にする。

そこには彼女がどれほど息子のことを愛しているか、また息子が自分から

（＊16）ケン・リュウ「紙の動物園」（『ケン・リュウ短篇傑作集１　紙の動物園』（古沢嘉通編訳、早川書房、二〇一七年）所収）

距離を取って話しかけなくなってしまったことにどれほど胸を痛めているかといった心情が記されていた。彼女が息子のために思いを込めて折った動物たちと、母の残した思いに触れて、ジャックがそれまで忘れていた母への愛情を思いだすというこの物語には、本章でも触れてきた記憶の媒体としての物品の性質がよく表れているのだが、なかでも目を引くのは、それらの品物が記憶を「媒介」して「伝達」する性質が強調されている点である。

読まれるまでひっそりと老虎の中にしまわれていたであろう母の思いは、何年ものあいだジャックにも気づかれることもなかった。物品や文字を通じた記憶の間接的な媒介は、それがずっと伝わらないかもしれない可能性とつねに隣り合わせである。母親が亡くなってからは動物たちも動かなくなってしまい、ジャックの関心も薄らいでいた。そしてそこには、記憶のあいまいさによる信頼できなさも関わっていた。

紙の動物たちは動かなかった。たぶん彼らを動かしていた魔法がどんなものであれ、母さんが死んで止まってしまったんだ。あるいは、紙でこしらえたものがかつては生きていたとぼくが勝手に想像していただけなのかもしれない。子どもの記憶など、あてにはならない(二一五)

だがそれは、奇跡的にジャックへと届くことになる。母の手紙は(「全身全霊で書く必要がある」から）拙い英語ではなく中国語で書かれているのだが、ジャックはそれを自分では読むことができないために、通りすがりの中国人観光客の女性にそれを音読してもらう。すると、「何年も忘れようとしていた言語」が彼の中に蘇ってきたのを感じる。[＊17] すでに亡くなった（しかも息子の気持ちはすっかり離れてしまっていた）母親が中国語で残した手紙の文字は、そこに込められた母の思いをジャック自身が直接取り出すことはできなくても、中国人女性を媒介して読んでもらうことで血肉化して、「手紙の言葉が体に沁みこんでくる」のを感じることができ、それらが彼の「皮膚を通り、骨を通って、心臓をぎゅっとつかんで」（二七）くるのだと示されている。

証言する物品（オブジェクト）

このような思い出の物品をめぐる記憶のもう一つ興味深い点は、こうした記憶が物品を受け渡すようにときには他人とも共有されることである。その

（＊17）この場面は、文字という媒体がそれほど重視されていなかった『君の名は。』との比較としてみてもよいだろう。それに比べれば、（代読してもらう形ではあっても）思いや感情を伝える媒体としての言語に有効性が託されているように思われる。また、この後の手書きの文字で書かれたレシピの事例との関連性でも興味深い。

ような品はたいていは個人的な文脈をもつもので、何の変哲もない物が他人の家で大切そうに飾られていても、その理由は当人にしか分からない。だが一方で、博物館に飾られた過去の災害や戦争の遺品や事故の遺留品のように、その物品がくぐり抜けてきた物語を、まったく違う時代と場所を生きる私たちに語りかけてくれることもある。そのような過程を経験することで、私たちは彼(女)らの記憶を共有することができる。

マテリアルな「物品」が、その持ち主の思いを記憶する媒体(メディア)となり、さらにそれが別の人物に渡ってその記憶が共有されるきっかけ(trigger)となることを、第一章で「ポストメモリー」概念とともに触れたマリアンヌ・ハーシュ[*18]は『ポストメモリーの世代』[*19]において、伝統的な料理の調理法という有機的に集積された知識が母から娘へと伝達されてゆく働きを、記憶の継承という観点から論じている。その一環として第二次世界大戦中のドイツにあったテレージエンシュタット強制収容所に収容されたユダヤ人女性たちが作り上げた「レシピ集」を取り上げ、「証言する物品(オブジェクト)」(testimonial object)と呼ぶ。彼女は『ポストメモリーの世代』においてそのなかでも興味深い一例として、歴史教師をしていたミナ・ペヒター(Mina Pächter)というユダヤ人女性によるものを紹介している。ミナは他の女性たちとも協力して、自分たちが収容所に送られる以前には日常的に作っていた伝統料理の作り方を手元にある紙片に書き留めていて、そこにはジャガイモと肉の団子やグラーシュと呼ばれるシチュー風の煮込み、そしてドボシュトルタ（チョコレートケーキ）などのデザートも含まれていた。

残念ながらミナは収容所で生涯を終えてしまうのだが、事前に彼女はそれらの紙片をまとめたものを同じく収容所にいた男性の友人に託していた。そしてもし彼が生きて収容所を出ることができたなら、パレスチナに住む彼女の娘に届けてほしいと懇願していたのである。その男性は奇跡的に収容所から生き延びたものの、ミナの娘はすでにアメリカに移住しているため、行方が分からなくなっていた。最終的にミナの娘アニーのもとにレシピが届けられるまでには、その後二五年を要したが、そのレシピをめぐるミナの物語は人々の興味をかき立てて、編者による序文を付されて書籍として出版され、その後『記憶のキッチンで――テレジンの女性たちからの遺産』[*20]というタイトルで英訳もされた。

（＊18）「証言するオブジェクト」には個人的な形見や記念品だけでなくより集合的な機能をもつ記念碑も位置づけられるが、ハーシュはとくに移民たちやホロコーストの犠牲者から、その子孫である第二世代（second generation）への記憶の継承の問題を「ポストメモリー」の概念と関連づけて掘り下げている。また、「証言するオブジェクト」という訳語は学術運動家／野良研究者の逆巻しとね氏からご教示いただきました。逆巻さんの学恩に感謝申し上げます。

（＊19）Marianne Hirsch, *The Generation of Postmemory* (Columbia UP, 2012)

（＊20）Cara De Silva (ed.), *In Memory's Kitchen: A Legacy from the Women of Terezin* (Jason Aronson, 2006)

ここで注目すべきは、こうしたレシピを書き付けた紙片は料理の作り方という情報以上に、それに関わった女性たちの情緒的な面を記録しようとしていることである。『記憶のキッチンで』の編者カーラ・デ・シルヴァは、ミナが娘に残したレシピがもつ文化的なコンテクストを丁寧に記述しようとしていて、その序文で食事がどれほど私たちのアイデンティティと深く結びついているかを記している。

食事は深い意味で私たち自身なのです。それらが血や骨に変わっていくからではありません。私たちの食習慣——つまり私たちの食べるものや、子ども時代の儀式と結びついたその食べ方、そして親の振るまいや、食卓を囲む時間、祝福——は私たちのアイデンティティにとって決定的な要素なのです(De Silva, "Introduction" 24)

そして、ただ生きるために必要なのではなく、私たちの魂を活かすために必要なものでもあることを、食べ物をめぐって活性化される想像力(imagination)の重要性も喚起して、ミナがレシピの一節に書き加えていた「想像力をはばたかせなさい」(25)という一節を紹介している。そして収容所に閉じ込められている状況では、たとえ現実的には手に入らないものであっても、それを想像することがそこで生き延びるために重要であるという、文化的あるいは心理学的な意義の可能性を強調して「書かれたレシピは体の飢えをみたすことはないが、魂の飢えを束の間癒やしてくれた」（29）と分析している。

テレージエンシュタットの収容所に囚われていたミナと仲間の女性たちにとって、レシピを残すことは単なる情報の記録以上のことを意味していた。ミナによるレシピの記述は、実際には調理法を伝達するものとしては不十分な点も多々あるのだが、それは単なる情報の集積としてではなく、ホロコーストの犠牲者たちが自分たちの経験を伝える「証言するオブジェクト」の一つでもある。そこに込められているのは料理の情報以上に、女性たちの情動の記録であり、「生きたいという意志」や「過去を残したいという意志」、「共同体へのコミットメントに向けた決意」（Hirsch, *The Generation of Postmemory* 178）を読むものに否応なく喚起する。それはハーシュの言葉を借りるなら、収容所の壁の向こう側に行ってしまったまま戻って来られなかった女性たちが、次の世代に投げかける記憶の「遺産」（beguest）（177）なのである。

ミナの存命中には娘の手元には届くことのなかった手紙には「ここでの生活は簡単ではありません。でも、わたしは進んで困難を受け入れています。いつかあなたとまた会えるという希望を抱いて」（De Silva 140-141）と、娘と絶対に再会するのだという強い意志が記されている。しかしその思いは、娘にとっては耐えられないほどの力をもっていた。最初に母親の手書きの文字を見たときには、娘のアニーにはそれが「何か神聖なもの」に思われ、「過去から私に伸びてきた彼女の手のようだった」(De Silva 25)と不安を感じて、いったん手紙を閉じてしまう。

ミナが残したものは、いうなればレシピの形をした娘への強い思慕の情とさえ呼べるものであり、二五年を経て受け取った娘のアニーは、母親が収容所で経験していたことを何とか思い起こそうとする。それは記憶の真偽という点からみれば、決して過去の事実と一致するものではないが、そのレシピが否応なく刺激する母の経験を、想像を交えながら想起するという行為こそがアニーにとって意義のあることなのである。

こうした物品に込められている記憶を読み取ろうとすることは、そこに記されている情報だけでなく、それをとりまく文化に関わる全体的な物質性(materiality)とともにそれを再現することである。そしてミナのレシピに込められた思考や情動の記憶に着目することで、強制収容所という、人間としての尊厳を剥奪する場においてさえも、そのような忘却の暴力に対して何とか自分たちの証を残そうとする抵抗運動の重要な痕跡に気づくことができるだろう[*21]。

本章では、思い出の物品が喚起する記憶をめぐる物語をとりまく事例を通じて明らかになってくる記憶の性質について考察してきた。そこには私たちにとっての日常的な記念物だけでなく、そうした物品へのノスタルジアを扱うフィクションの物語、そしてとても現実とは思えない実体験についての記憶表現まで含まれている。そして、これらの記憶を媒介する物品の事例は、だれかの記憶の物語(ナラティブ)が別の他者とも共有されうる可能性をあらためて示してくれる。そしてそのことは、本書でも何度か触れている、私たちが人の過去の思い出話をききたがる欲求にも関わっているように思われる。

本章のはじめでも紹介したイシグロの『わたしを離さないで』にも、こうした記憶の伝達と共有の可能性が書き込まれている。主人公のキャシーは「介護人(ケアラー)」という看護師のような仕事(その詳細は物語内で徐々に明らかにされる)をしているのだが、彼女が世話をしていたある患者(「提供者(ドナー)」と呼ばれる)は、彼女たちが幼少期に暮らしていたヘールシャムと呼ばれる特別な施設での生活の様子をしきりに聞きたがっていた。彼は症状が末期で先が長くないことを自覚しているようで、自分の(あまり恵まれていなかったと思われる)過去を語るよりも、幸福だったキャシーの子ども時代のことを何度も彼女に尋ねた。それについて彼女は、彼が「きっとヘールシャムのことをただ聞くだけでは満足できず、自分のこととして——自分の子ども時代のこととし

(＊21)「証言するオブジェクト」に関連するプロジェクトでは、強制収容所での証拠物についてまとめたニコラス・チェア『アウシュヴィッツの巻物——証言資料』(二階宗人訳、みすず書房、二〇一九年)もある。

て――「思い出したかった」のだと」思いいたる。自身の最期が近づくなかで、せめて自分よりも幸福だったキャシーの語る記憶の物語を共有しようとしていたのだと。そして彼女は「そうすれば、わたしの記憶と自分の記憶の境がぼやけ、一つに交じり合うかもしれないではありませんか」（イシグロ『わたしを離さないで』一三）と彼の試みに深い共感を示す。

ここに表れているのは、記憶が変容しうる「可塑性」に加えて、本書でも何度か言及してきた、それでも想起する当人にはその記憶がリアリティをもって迫ってくる「真正性（本物らしさ）」(authenticity)、つまり（この場合、自分のものではないにもかかわらず）「それはたしかに起こったのだ」という感覚である。こうした記憶の性質はしばしば記憶違い（misremembering）や虚偽記憶（false memory）といった深刻な問題を引き起こしたりもするのだが、その一方で、キャシーからヘールシャムの話を聞きたがるこの患者のように、辛かった過去の記憶を和らげたり、世代を超えた他者との記憶の共有と継承のための蝶番（ちょうつがい）にもなってくれる。これによって私たちは、自分のものではない他人の記憶の物語をまるで自分のものであるかのように想像的に楽しむことができるだけでなく、それが自身の内に取り込まれて自分のものと区別がつかないほどに「溶け合って」作り替えられてゆき、最終的には自分の記憶になるという記憶の「可塑性」をよく表している。ここには実際に起こった物語だけでなく、創作された、いわゆるフィクションの物語もここに含めることができるだろう。

記憶のもの語りを受け渡す

本書での記憶の議論に関わる大切な点の一つは、そのように語られる記憶の「物語」は人々のあいだで共有され、伝承されることである。村上春樹はエッセイ「物語の善きサイクル」[*22]で、小説家を「物語を語る人間」（村上「物語の善きサイクル」四〇〇）と定義し、そのはたらきを古来の部族の語り部になぞらえている。彼らの役目は「部族固有の多くの物語を記憶の中にプールし、それを自分なりにうまく脚色し、リアルな語り口で、巧妙に語る」（四〇一）ことであり、その現代における継承者である小説家も同様に、自分の語る物語によって聴衆（読者）を「こちらの世界」から「あちらの世界」へと「転移」（四〇一）させることだとする。

私たちがこのようにして伝わってきた物語を楽しめるだけでなく、ときにはその物語に人生を左右されるほどに心を動かされるのは、「物語」とその伝承を可能とする「記憶」に備わる、「可塑性」と「真正性」のおかげだということもできるし、それは私たちという存在の根本的な「物語性」にも関わってい

（*22）村上春樹「物語の善きサイクル」（『雑文集』（新潮社、二〇一一年）所収）

る。[*23] そして、村上が語り手の重要なはたらきとして、物語を巧みに構築することだけでなく、「たき火のそばで身を寄せ合って」いた頃はもちろん、木や石や紙に文字として刻みつけられるようになってからも続く、「物語の交換」(四〇〇)という共有性や共同性にも触れていることは本書の議論にとって重要である。

自分が受け取った物語を、今度はそれを伝える主体(エージェントあるいはアクター)として、聴衆へと語り直して伝承してゆくという物語の共同性については、同じく物語の役割について考察するヴァルター・ベンヤミンの「物語作者」[*24]も注目している。彼の想定する「物語」も、「口で伝えうるもの」(ベンヤミン「物語作者」二九二)(すなわち「叙事文学」)を源泉としていて、その効果には人の感情を動かすだけでなく、その経験を人に伝えたくなる気持ちにさせることも含めている。このような運動は聞き手の「語られたことを覚えておこうという関心」(三一一)によって支えられていて、大切なのは「話を再現する可能性を確保すること」だとして、「記憶こそ、他の何ものにもまして叙事的な能力」(三一一)だと強調する。

そして、「すべてを包括する記憶によってのみ、叙事文学は一方では事物の成り行きをわがものとし、他方ではそれら事物の消滅、すなわち死の暴力と和解することができる」(三一一)という言い回しで、記憶による事物についての叙述(ナラティブ)の形成と、その保持と伝達について表現している。そのような運動のなかで語られた物語は「よりいっそう完全に聞き手自身の経験に同化され、ついには、遅かれ早かれいつの日か語り継いでいきたいという聞き手の気持ちが、よりいっそう高まる」（二九九）。それはすなわち、聞いた話を人に語らずにはおれなくなるという「深いところで進行するこのような同化のプロセス」（二九九）は、語り継がれる物語がその人の経験とむすび合わされて変容を被ることを暗に示している。

こうした事例たちは、物語と結びつけられる「記憶」が、過去の忠実な「記録」とは違った再現性、あるいは再構築性にもとづいていることを明らかにしてくれる。記憶にもとづく物語の形成とその語り直しによる伝承は、記憶は「事実とは違うことがある」というよりも、記憶とは本来そのようなものであり、むしろ「事実とは異なっている可能性を逃れられない」ということでもある。

あらゆる可能性がそうであるように、そこにはポジティブなものとネガティブなもの、どちらも含まれるだろう。たとえば、第二章でも触れた『羊と鋼の森』での「元の音」をめぐる「しあわせな記憶」のように。そして柔軟でもあり、もろくもある記憶に存在の根幹をゆだねている私たちにとっては、ある

（＊23）物語的な存在としての人間というモデルは第五章でも扱う
（＊24）ヴァルター・ベンヤミン「物語作者」三宅晶子訳（『ベンヤミン・コレクション2』浅井健二郎編訳（ちくま学芸文庫、一九九六年）所収）

状況や条件下で、どのような記憶が望ましいのか、それを問い続けることが人としての「自由」にも関わっていることを次章以降でもみてゆきたい。

第五章

忘却と記憶

望ましき忘却

記憶術に関する章では、あらゆることを正確に頭の中に収めて、それを取り出すことを目指して工夫されてきた方法について紹介した。書籍や文字、あるいは映像やコンピュータなどのメディアの発展によって、そのような情報暗記技術は現代では以前ほどには切実に必要とされなくなった（例外は試験勉強くらいか）が、記憶が「忘却」という盗賊と終わりのない戦いを続けていることに変わりはない。むしろ情報を貯蔵するための外部メディアが発達するにつれて、私たちの「忘却」への不安も増大しているようにすら思われる。たとえば、アルツハイマーなどによって、当たり前に自分のものだと思っていた記憶が失われてゆく不安の中で、自身の主体性（アイデンティティ）や周囲との関係を維持することが困難となってゆく作品は国内外問わず数多く製作されている。(*1)

こうした忘却をテーマとする物語では、忘却は抵抗されるべきものであり、そのような消失をできるだけ食い止めようとしたり、せめてもの記憶のかけらを救い出して手元に置いておこうとしたりすることが主題となる。あるいは、何らかの要因で断片化した記憶を取り戻してつなぎ合わせてゆく物語も、ミステリー仕立ての映画『メメント』（クリストファー・ノーラン監督、二〇〇〇年）から、酔っ払っていたあいだの出来事を再構成してゆく様子をコミカルに描く映画『ハングオーバー』（トッド・フィリップス監督、二〇〇九年）までさまざまで、忘却による空白を埋める過程も多様である。『メメント』では、主人公が記憶できる時間幅を反映するように、数分間の断片が時間を遡るように配置されるという、手の込んだ叙述手法を通じて事実が明らかになってゆく。それに対して『ハングオーバー』では、おもに関係者への聞き込みを通じた証言と、物語の各要所で登場する証拠記録としての写真や物品によって失われた記憶が回帰してくる。こうした作品群では、「忘却」は人物たちを取り囲む空白（あるいは漆黒の闇）として存在していて、それが少しずつ埋められてゆくことで物語上のカタルシスが達成される。すでに紹介したカズオ・イシグロの『忘れられた巨人』も「忘却」の霧に覆われた世界で主人公の老夫婦が息子と自分たちの過去にまつわる記憶を取り戻してゆく物語である。

突然の忘却の波に襲われたとまどいと、それを埋めてゆく試みを描く作品の一方で、「嫌な記憶を完全に消して、忘れてしまいたい」という『記憶屋』[*2]

（＊1）荻原浩『明日の記憶』（光文社、二〇〇四年　二〇〇六年に映画化）や、『私の頭の中の消しゴム』（イ・ジェハン監督、二〇〇四年）、映画『きみに読む物語』（ニック・カサヴェテス監督、二〇〇四年）、映画『アリスのままで』（リチャード・グラツァー、ワッシュ・ウェストモアランド監督、二〇一四年）、テレビ・ドラマ『大恋愛～僕を忘れる君と』（TBS製作、二〇一八年）など。

（＊2）織守きょうや『記憶屋』（角川文庫、二〇一五年）、二〇二〇年には映画化（平川雄一朗監督）もされた。

に描かれる忘却への欲望に共感する人も多いのではないだろうか。この作品では、つらい記憶を抱えた人々が、それを「あとかたもなく消してくれる」、記憶屋という都市伝説的な存在を噂している。主人公の大学生遼一は、痴漢に襲われたトラウマのために暗い夜道を歩けなくなってしまった女性の先輩が、ある日、その事件の記憶だけでなく遼一のことも忘れてしまっていることを不信に感じたことから調査を始め、記憶屋の真相に近づいてゆくミステリー仕立てのフィクションであるが、この先輩だけでなく作品中の人物たちの語る「消したいほどにつらい記憶」は決して荒唐無稽なものとは言えない(*3)。

実際、アメリカの認知心理学者エリザベス・ロフタスは、記憶消去剤を開発する可能性を探るための調査として、「不快な記憶を消す薬があればそれを飲むか」というアンケート調査を自分の学生たちだけでなく、二〇〇一年九月一一日の世界貿易センターでの惨事において救助活動に参加した消防士たちに対してもおこなっている。じつはこの調査で注目すべきは、「記憶消去剤を飲むだろう」と回答したのが学生の一四パーセント、消防士の二〇パーセントと自分の予想より少なかったためにロフタスが驚いたことなのだが(*4)、それでもそのような薬を望む者が一定数存在することは忘却への欲望が決して突飛なものではないことを示している。

蓄積され続ける過去が重荷となり、人間におよぼす悪影響について思索をめぐらせた一九世紀末の哲学者ニーチェは、そのような「歴史という病」から逃れるための忘却の必要性を強調している。「生に対する歴史の利害について」[*5]では、過去にとらわれず日々の刹那的な暮らしに充足する動物（そして子ども）たちへの憧れを述べながら、「過去の鎖」（ニーチェ　一二二）の弊害について、「この重荷は彼を圧しつぶしたり、よろめかせたりし、眼に見えぬ暗い負担となって彼の歩みを悩ます」（一二三）のだと訴え、人間の幸福のためには「忘却しうること」（一二四）が必要だと述べる。

だがこのような期待はかえって、記憶しておくことだけでなく忘れるという行為も、いかに意のままにならないものであるかを強く示している。記憶を完全に消す技術（テクノロジー）は、映画『メン・イン・ブラック』（バリー・ソネンフェル

（＊3）つらい過去を忘れて人生をやり直したい、という気持ちと、それを消したくないという気持ちのせめぎ合いは記憶除去を題材とする映画『エターナル・サンシャイン』（ミシェル・ゴンドリー監督、二〇〇四年）でも描かれている。

（＊4）ラヴィーン『トラウマと記憶』の二三―二六ページ、およびウェブ記事 William Saletan, "The Future of the Past: Cleansing Our Minds of Crime and Vice," Slate .com, June 2, 2010. を参照。またロフタスはいわゆる「虚偽記憶」（false memory）の研究者としても著名である。「虚偽記憶」の概念と仕組みについては、たとえばジュリア・ショウ『脳はなぜ都合よく記憶するのか』（服部由美訳、講談社、二〇一六年）を参照。

（＊5）フリードリッヒ・ニーチェ「生に対する歴史の利害について」（『反時代的考察』（小倉志祥訳、ちくま学芸文庫、一九九三年）所収）　またホワイトヘッド『記憶をめぐる人文学』一二〇―一二二頁も参照

ド監督、一九九七年）に登場する閃光を見せると相手の記憶を消去できるガジェットなどのSF作品だけのものではない。ニーチェより以前、完全な記憶術が関心を集めていた時代（一六世紀頃）にも、望ましくない記憶を消す忘却のための技術が、頭の中で記憶を殲滅する一団としてイメージされていたことを桑木野幸司は『記憶術全史』で紹介する（七七―一〇二）。また、自分に必要なのは記憶術ではなく「忘却術」だという、ホルヘ・ルイス・ボルヘスによる「記憶の人フネス」の物語を思い浮かべてもよいだろう（*6）。

記憶の技術と人間の物語

本章では忘却を鍵語として取り上げているが、ここまでの話からも見て取れるように、記憶と忘却はきれいに弁別できる対立項のようなものではなく、互いを含みこむような影響関係のもとにある。さて、忘却と記憶について考察するにあたり、完全な記憶をめぐる考察も経由することで、両者のあいだでの複雑に込み入った関係が見えてくるだろう。私たちにとって、想起あるいは消去することが自由自在な、あたかもコンピュータの記録媒体のような記憶は一つの理想像であるし、記憶術ではまさしくそのようなものが求められてきた。テッド・チャンによるSF短篇「偽りのない事実、偽りのない気持ち」（*7）での、自分の生活の記録（ライフログ）を自動検索することで過去の正確な状況を再現する装置を取り上げてみよう。

「リメン」と呼ばれるこのシステム（「ねえ、覚えてる？」（Remember?）と言い終わらないうちに、その場面が自動的に再生されることを含意する）が開発されたおかげで、この世界ではパートナーや家族、あるいは友人間でのいさかいの原因となってきた、「あのとき、どちらが実際に何を言ったのか」に関する覚え違いが解消されることが強調されるが、主人公のジャーナリストは、人間の記憶がこのような機械による記録にとって代わられることに一抹の不安を抱いている。彼はリメンについての記事を書くための取材を続けるうちに、自身の中での大きなわだかまりとなっていた、当時高校一年生だった娘と激しく口論した夜の記録を再生することを決心する。それは彼の妻が二人を残して家を出て行った二年後のことで、彼は娘から「母さんが出て行ったのは誰のせい？　自分が追い出したくせに！」となじられて、それをきっかけに「もっといい父親になろう」と決心したのだと自分では長らく記憶して

（＊6）ホルヘ・ルイス・ボルヘス「記憶の人フネス」（『伝奇集』（鼓直訳、岩波文庫、一九九三年）所収）。この物語も含めた文学作品における忘却をめぐる議論はハラルト・ヴァインリヒ『《忘却》の文学史』（中尾光延訳、白水社、一九九九年）も参照。

（＊7）テッド・チャン「偽りのない事実、偽りのない気持ち」（『息吹』（大森望訳、早川書房、二〇一九年）所収）。また第三章でも触れた山本貴光『記憶のデザイン』もこの短篇に言及している。

いた。だが実際に記録を見てみると、その通りのものではなかったことが明らかになるのである。

この作品では、外部アーカイブによる「デジタル記憶」の是非や、それを生身の記憶と相補的に利用することで、人間の記憶がどのようなものになりうるかという思考実験が展開されているが、この作品で提示される一つの力強い主題(テーゼ)は、「人間は物語でできている」(チャン 二四二)というものである。そして思索の興味深い帰結として語り手が導き出すのは、このような事実の記録の総体としてのデジタル記憶も、物語る存在としての人間を揺るがすことはないというものである。

デジタル記憶は、人間が自分について物語を語ることをやめはしない。前に述べたとおり、人間は物語でできている。どんな力を借りようと、そのことは変えられない。デジタル記憶が助けてくれるのは、そうした物語を、自分がとった最善の行動を強調し、最悪の行動を除外するようなつくり話ではなく——願わくは——まちがいをおかす自分を認め、他人のまちがいに対してもっと寛容であるようなものにすることだ(チャン 二六五)

このような判断の妥当性も含め、この作品で展開される記憶をめぐる思索は、すでに記憶のかなりの部分を外部記録媒体に託すようになっている私たちにも、記憶の変容について考えることを促す。それは語り手にとって大切なものが将来は失われている可能性も示唆するが、彼はよりしなやかで寛容な態度を示す。

たとえば彼は、人生のすべてを克明に記録するデジタル記憶によって、幼児期のあいまいな記憶（「ガーゼ越しに透かして見る」（二四二）ような、人生のはじまりの記憶）が、なつかしい情緒を呼び起こしてくれることもなくなるのではないかと危惧するが、あいまいさを廃した完全な記憶によってそうしたノスタルジアが消失するわけではなく、彼よりも若い世代にとっては、それまでとは違った形態のものになるのではないかと考える。

わたしはこの現状を守りたい、そうした始まりの物語が、冷ややかで彩度の低い動画に置き換えられてしまうことを防ぎたいと思っている。でも、もしかしたら彼らは、わたしがこの不完全でアナログ的な記憶に愛着を抱いているのと同じように、欠落のないデジタル記憶にあたたかい感情を抱くのかもしれない。（二四二）

著者チャンが巻末の「作品ノート」で記しているように、この短篇はウォルター・オングの『声の文化と文字の文化』が着想の一つとなっており、作中のエピソードの一つでは、ある部族内での口伝の神話と、文字記述に象徴される正確な事実の記録との対立と関係性がテーマとなっている。そしてこの作品をよく読めば伝わってくるように、前者に対する後者の優位が単純に示されているわけではないことにも注意が必要であろう。[*8]

また、この作品が主題として提示する、技術と記憶との対立や関わりをめぐる思索にも、非常に長く広範な議論の歴史があるが、それをここでカバーすることは困難であるし本章の目的を逸脱してしまうので、近年の顕著な成果として、フランスの哲学者ベルナール・スティグレール（一九五二―二〇二〇）の議論を紹介したい。スティグレールはとくに『時間と技術』や『偶有からの哲学』[*9]で、技術と記憶についてのそれまでの議論の経緯をまとめながら、浩瀚かつ独特の思索を展開している。

人間の記憶力とそれを記録する外部媒体との対立としてよく知られるものには、プラトンの時代にまでさかのぼるアナムネーシス（想起）とヒュポムネーシスとがある。プラトンは『パイドロス』で、アナムネーシスは人間自身の能力を活かした記憶であるのに対し、ヒュポムネーシスは文字などの外部的な補助技術を利用した「人工的な記憶」と定義する。そして、アナムネーシスこそが人間にとっての本来的な（「真」なる）記憶で、技術によって補綴された記憶は虚偽のものとなる可能性を秘めていると述べ、文字を用いた記憶の危険性を強調する。外的な記号体系に依存する文字筆記は、想起の手助けにはなるかもしれないが、結局は人間の内的な記憶力を弱めてしまうと考えられた。つまり、技術を介するヒュポムネーシスは虚偽だけでなく、結果的に忘却の危険性をも含んでいるというわけである。(*10)

アナムネーシスはプラトン哲学における「真」「善」「美」にもとづく世界理解に到達するための重要な手段とされていて(プラトンによれば、世界の真理である「イデア」を私たちはじつはすでに知っていて、それを「想い出す」ことで認識する)、こうした対比は第三章で紹介した古代の記憶術の原理の基礎の一つにもなっている。文字記録による人工的な記憶に頼らず、記憶術によって自分の血肉とするように覚えたものを想起(アナムネーシス)して、肉声として表現することが効果的な弁論とされていた。

(*8) ホワイトヘッド『記憶をめぐる人文学』も、口述による伝承を基盤とする社会と、口承文化文字記述を基盤とする社会のあいだでの歴史観や記憶観の相違に着目するジャック・グッディとイアン・ワットの論文「読み書き能力の影響」を紹介しながら、口承文化において記憶は、現存する社会関係に応じてしばしば調整されることがあるのに対し、記述文化における過去の歴史は現在からは切り離されたものと考えられていることを提示している(五九)。

(*9) ベルナール・スティグレール『時間と技術』(全三巻、石田英敬監修、法政大学出版局、二〇〇九–二〇一三年)、ベルナール・スティグレール『偶有からの哲学——技術と記憶と意識の話』(浅井幸夫訳、新評論、二〇〇九年)

(*10) 文字記録とアナムネーシスとの対立についてはホワイトヘッド『記憶をめぐる人文学』の第一章も参照。

スティグレールはこのような記憶と忘却と技術との関わり合いについての議論を整理しながら、真理（alethia）とは「忘却（lethe）に抗うこと＝隠れの外へ出ること」、とするマルティン・ハイデガーの「技術への問い」の解釈を紹介する。真実とは「すでに知っていた」と想定される真理を想起することであり、かたや、嘘と偽りを孕む忘却は技術の産物、というわけである。だが彼は、そのうえでヒュポムネーシスとアナムネーシス、すなわち技術と記憶がプラトンの想定していたような対立する項ではなく、両者は互いに補完的なものであると主張する（スティグレール『偶有からの哲学』八七）。そして彼は技術が記憶を補助するのではなく、「技術こそが記憶」（スティグレール『時間と技術 2』一〇七）なのだとさえ宣言している。

こうしたスティグレールの議論に明示されるように、自分の頭と精神を使った記憶と、文字をはじめとする外部記録技術が、対立するものではなく相互に影響をおよぼし合うものと考えれば、記憶についての概念モデルがこれらの記録技術の影響を受けながら変遷してきたことがより明確に理解できるだろう。先ほど取り上げたテッド・チャンの短篇をはじめとする、現代のＳＦにおける記憶モデルがしばしばコンピュータやビデオカメラのように喩えられるのと同様、それぞれの時代ごとの記憶観は単なるメタファーとしてではなく、忘却に抗して記憶を保持するために考案され続けてきた技術たちと不可分なのである。

たとえばプラトン思想における記憶のプロセスは『テアイテトス』で述べられるように、頭の中にある「記憶の蝋板(ろうばん)」(wax pad)のモデルで考えられていた。[*11] 彼らの時代におけるこの記録デバイスが、蝋あるいは粘土製の板に尖った棒の先端を押しつけて文字を記していたように、記憶するとは、すなわち精神の蝋板に強い印象が「押しつけ」られた「跡」が「刻みつけ」られることと同義であった。そして記憶力の良し悪しや、記憶が定着する早さの個人差は、その精神の蝋板の性能の個人差に喩えられ、このモデルはプラトンの思想とともに弟子のアリストテレスにも引き継がれた。その後、記憶術が発達した頃には、記憶は精神の貯蔵庫に収蔵される物品のようなものとしてイメージされていたことは第三章でも紹介した通りである。そこでは私たちの精神はそれら大切な記憶をため込んでおく建築物のような構造をもつものと考えられた。興味深いのは、これらの記憶モデルたちは、それ以後に出てきた新たなモデルにとって代わられるのではなく、それらに付け加わる形で現在まで続いていることである。

二〇世紀に入ると、フロイトが人間の精神における意識と無意識の構造を説明するために写真の現像プロセスを参照したことは第一章ですでに紹介し

(*11) プラトン『テアイテトス』(田中美知太郎訳、岩波文庫、二〇一四年。この点についてはイェイツ『記憶術』第二章や、ホワイトヘッド『記憶をめぐる人文学』第一章でもまとめられている。

たが、その彼が晩年の思索で到達した精神モデルとして「マジック・メモ」(*12)がある。これは当時新しく発売されていた筆記具で、蝋板の上に透明な薄いシートが重ねられたものである。また、このシート自体も透明なセルロイド層と半透明のパラフィン紙が重ね合わせられたもので、その上から細い棒などで筆圧をかけると蝋板に押しつけられたシートに文字が残る仕組みになっている。そしてシートをいったんはがして元にもどせば、記述面に書かれたものは消えて再び書き込めるようになる。この二〇世紀初頭の記述具が、精神構造を模したものとしてフロイトの目にとまることになるのだが、フロイト自身が「粘土や蝋の板に書き込んでいた古代の記述法への回帰」(三二〇)と述べるように、これは先ほど見たプラトンの蝋板モデルをアップデートしたものだということができるだろう。

フロイトは蝋板とシートとの二重性を意識と無意識の構造としてとらえるが、さらに興味深いのは、このマジック・メモに書き込む際に下層の蝋板に微かな傷跡が残されることにフロイトが執着している点である。フロイトはこの構造を、真っさらな書き込み面がつねに提供されることと、記録したメモの痕跡が残り続けるというそれまでは相容れることのなかった二つの機能が同時に達成されているものだと強調する。表層に書き込まれた内容はシートを剥がせば消えてしまうのだが、筆圧によって下層の蝋板に残された跡を、フロイトは無意識へと「記憶痕跡」が残り続けることの比喩として理解するのである。

　このように、フロイトが先鋭な直観でとらえたマジック・メモの仕組みと精神の多層性とのあいだの類推（アナロジー）は、さまざまな印象や感情が移ろいながら映し出される意識と、その余韻が予測もつかない形で残される無意識との関係を鮮やかに説明してくれる。[＊13]だが、この記憶モデルが強調する無意識に刻まれた痕跡からの再構成という仕組みは、従来の貯蔵庫型のモデル（過去に入力されたものが後になってもそのまま取り出される）とは対立するものである。

　このような類比が「いずれは限界に突き当たらざるをえない」（三二二）と彼

（＊12）「「不思議のメモ帳」についての覚え書き」太寿堂真訳（『フロイト全集18』（岩波書店、二〇〇七年）所収　なお「マジック・メモ」という語は、人文書院版の『フロイト著作集』での訳語である。本書ではフロイトの訳文はより新しい岩波版『全集』を基本的に参照しているが、「マジック・メモ」という語についてはその語感（テクスチャー）の良さから人文書院版のものを使用していることをお断りしておく。

（＊13）ジャック・デリダは『エクリチュールと差異』（合田正人、谷口博史訳、法政大学出版局、二〇一三年）の「フロイトとエクリチュールの舞台」と題する章で、フロイトがマジック・メモを通じて提示した精神モデルを詳細に検討して、過去の事実と、その正確な再現（コピー）としての記憶という対比構造の見直しをはかっている。その議論の中で、過去の想起とは、過去を忠実に再現するものではなく、その痕跡（「記憶痕跡」（四三六））からその都度再構築されるものだと論じ、もう再現することの叶わない、その原点（オリジナル）としての過去を「原（アルシ）―エクリチュール」（四六二）と呼んでいる。

自身が記すように、そこには解消しきれない矛盾点(アポリア)も当然残されることになる。そして、彼以降の人々が現在にいたるまでこのモデルの可能性と謎に挑み続けている。

なお、ここまで用いている「マジック・メモ」のドイツ語の原語は“Wunderblock”であり、その英訳が“magic pad”あるいは“mystic writing pad”であることを考慮すると、現代のマジック・メモともいえるiPadとの関連性を考えずにはいられない。(*14) 記憶メディアと記憶モデルの関連から見れば、両者の関連性は古代の「蝋板」あるいは「粘土板」(wax pad / clay tablet)から「マジック・メモ」を経てiPadにつながっているように見えてくる。たしかに両者はその名称以上に、記録のためのメディアとしても類似しているし、iPadによる記憶はマジック・メモによる記録のアップデート版とさえいうこともできる。

だが、それらに表れている記憶観には決定的な違いがあるように思われる。それは iPadにはどれだけ書いても「痕跡」が残らないことである。私たちがよく知るように、iPadは手書きの画面やスクリーンショットで記録した画像を数多く保存するだけでなく、それらをいつでも、記録したときのままの形で呼び出すことができるが、その記述面にはフロイト的な意味での過去の書き込みの「痕跡」や「傷」が残されることはない。たとえ、それを書き込むための「スタイラス」(stylus)が古代の粘土板に跡を刻むための尖筆をも意味しているにもかかわらず、である。そこに蓄えられた過去は、「忘却」に抗うようにして、そのままの形でいつでも再生できる「完全な記憶」であり、保存したものとはちがうものが出てくる可能性はほとんどない（iPadなどのコンピュータやスマートフォンに記録したものから変質した文書や画像が頻繁に呼び出されるなら、そのような可能性は記憶の正確な再現を妨げる「バグ」として排除されるだろう）。すでに見たように、マジック・メモに触発されてフロイトが構想した記憶観とは、無意識に残された「記憶痕跡」から当該の過去についての記憶イメージが再構築されるという、「忘却」を前提とするものであった。それはつまり、記憶がそのまま保持されているのではなく、それが想起される現在において、そのつど微妙な差異（ゆらぎ）を含みながら再創造されているのだとも言える。

（＊14）石田英敬は『新記号論』（石田英敬、東浩紀、ゲンロン、二〇一九年）の第二講義でマジック・メモ（「不思議メモ帳」）とiPadとの類推的関係から、記憶とメディアについての興味深い考察を展開している。本書での記述も石田による議論を参照しているが、「痕跡」のとらえかたについては見解が分かれていることも付記しておく。

完全な記憶と完全な忘却とのあいだで
——記憶の名残りの手触り（テクスチャー）

この対比についての考察をすすめるにあたり参考になるのは、やはり豊かな思考実験の場としての優れたSF作品たちだろう。完全な（真実の）記憶とともに「記憶の改変」や「偽造された記憶」、あるいは「記憶の移植」をテーマとするものがしばしば登場するが、[*15] こうした物語では、損なわれることなく記憶を取り出して保存したり、別の記憶をまるで本物であるかのように入れ替えることが可能となっていたりする。たとえば映画『トータル・リコール』（ポール・バーホーベン監督版、一九九〇年およびレン・ワイズマン監督版、二〇一二年）では、物語の序盤で主人公の現在の記憶がじつは上書きされたものであることが明らかとなるが、それを知った彼の混乱ぶりは記憶とアイデンティティとの密接な結びつきをよく示している。彼は「本当の自分の記憶」を求めて火星へと向かうのだが、記憶の真贋というテーマは一九六六年に発表されたフィリップ・K・ディックの原作の短篇[*16]では、より中心的な位置を占めていることが分かる。折り重ねられてゆく「本当の記憶」と「模像記憶」のあいだで両者は次第に区別がつかなくなってゆき、それは「本物のような偽の記憶」と「嘘のような本当の記憶」との対立へと至る。そして、これらの物語のリアリティを支えているのは、事実どおりのものであれ、補正されたものであれ、それが自分のものであるかのように感じられてしまうという記憶の性質である。[*17] すなわち、たとえ事実とは異なるものであっても、それが「たしかに起こったことだ」と感じさせる記憶の「真正性（本物らしさ）」（authenticity）である。[*18]

（＊15）代表的なものでは、映画『マトリックス』（ラリー・ウォシャウスキー、アンディ・ウォシャウスキー監督、一九九九年）や『インセプション』（クリストファー・ノーラン監督、二〇一〇年）、『ブレード・ランナー』（リドリー・スコット監督、一九八二年）とその続編『ブレード・ランナー 2049』（ドゥニ・ヴィルヌーヴ監督、二〇一七年）、『攻殻機動隊』（士郎正宗の原作は一九九一年、押井守による映画版『GHOST IN THE SHELL／攻殻機動隊』は一九九五年）シリーズ。他にも映画『記憶探偵と鍵のかかった少女』（ホルヘ・ドラド監督、二〇一三年）、結城真一郎の小説『名もなき星の哀歌』（新潮社、二〇一九年）、ビデオ・ゲーム『ファイナルファンタジーⅦ』（スクウェア、一九九七年、またリメイク版がスクウェア・エニックスより二〇二〇年に発売）などがある。それらを広範に網羅および分類することはここでの目的ではないが、興味ぶかいテーマなのでそれは別の機会に試みてみたい。

（＊16）フィリップ・K・ディック『トータル・リコール（ディック短篇傑作選）』（大森望他訳、早川書房、二〇一二年）所収

（＊17）なおマウスやラットを用いた研究例では、記憶が定着する際には、短期記憶を司る海馬から、長期記憶を受け持つ大脳新皮質へと記憶が移動されることが実験で明らかとなっている（https://www.riken.jp/press/2017/20170407_1/）。ただ、この移行プロセスにおける、両者のあいだでの記憶の変異の有無、あるいは人間の脳における詳細なメカニズムについては今後のさらなる調査が必要だろう。

さて、ここで問題となっている、「不正確」でしばしば「間違っている」あるいは「偽の記憶」としてネガティブな印象を付与される記憶と、その対立項としての事実どおりの「正確な記憶」という概念は、先ほどのプラトンの例で見たような貯蔵庫モデル的な記憶観にもとづくものと言える。そしてテッド・チャンの「偽りのない事実、偽りのない気持ち」での「リメン」として表象される記憶観と、それに対して語り手が感じる不安もこの延長線上にあるといってよい。あるいは多くのSF作品の登場する、記憶を外部に保存して別の脳や身体にそのまま移植するという着想の根本にあるのも、このような時間を経ても変質しない、安定した(プラトン的な)「正確な記憶」のモデルにもとづいている。そこでは記憶が記録と同意となり、想起する際のあいまいさもゆらぎもなくなるが、それは同時に、痕跡からの再構築という創造性のきっかけも失われてしまうことへの不安でもある。先ほど挙げた、「ガーゼ越しに透かして見る」ような幼児期のあいまいな記憶が喚起する懐かしさは、記憶のこうしたゆらぎや痕跡からの再構築性にもとづくものであり、ノスタルジアにとっては記憶の正確さではなく、そのときに何を感じていたかという感情や情緒、印象が重要であることを示している。そして、その印象の強度は事実の記録をときには大げさに補正して想起させる。[*19]

私たちが社会生活を営む上では、「記録」とほぼ同意の「正確な記憶」が求められることが多いのは容易に理解および賛同できるだろう。だがその一方で、個人的なレベルではそのときの自分の情緒や感情、印象のフィルターで補正された記憶がその人にとって自分だけの大切なものと感じられることが重要な意味をもつことも事実である。

いや、もしかしたら個人的なだけでなく共同性においても、覚え違いの可能性を含む記憶のあいまいさの方が好ましいと感じられる場面だってあるかもしれない。このように見てくると、「正確だが冷徹な機械のような記憶」か

（＊18）このような「本物らしさ」についてホワイトヘッドは『記憶をめぐる人文学』第二章ではジョン・ロックとデイヴィッド・ヒュームの思索を通じて、睡眠中に見る夢や、想像のリアリティと実体験の記憶は区別できるのかという問いを取り上げている（七四―九〇）。そして、ロックがプラトン的な貯蔵庫モデルの記憶から、より流動的なモデルへの橋渡しをおこない、そのような不安定で断片的なものにもとづきながらも、一貫した同一性を創出することのできる自己のモデルの原型を提示したことを彼女は評価している。またヒュームも、実際に経験したことの記憶とリアルな想像とが根本的には区別できないことを認めたうえで、私たちはそのような断片的かつ流動的な記憶や知覚のあいだに統一性があるのだという幻想を強化しているのだと論じる。こうした自己モデルは本章でも示しているチャンの「物語を語る」存在としての人間、もしくは後述するポール・リクールの叙述的自己（ナラティブ・アイデンティティ）とも関わっている。

（＊19）記憶内容だけでなく、そのときに感じていた強い情緒が想起には重要である例として、伊藤亜沙『記憶する体』には、認知症をもつ人物が自分の行動について詳細な「記録」を残していても、後から見てそのときに何を感じていたかをまったく思い出せず、自分の行動として認識できない事例が挙げられている（伊藤二六二）

「不完全だが温かい人間的な記憶」かという選択に対して、テッド・チャンの短篇が提示する「人間は物語である」(*20)という主張が、両者をつなぐ柔軟な寛容さを秘めていることがあらためて思い起こされる。語り手はリメンの正確な記録によって、自分の抱いていた印象が、事実とは異なる記憶にもとづくものであったことを突きつけられるが、両者が補完し合いながら、新たに自分の「物語」(すなわち主体性)を編み直してゆく可能性を示している。だとするならば、正確な記録が、あいまいさを含んだ記憶とそれにもとづく情緒や創造性を駆逐して、完全にとって代わってしまうのではなく、記憶をめぐる別の物語を見ることだってできるかもしれない。

もし私たちの記憶がより正確なものだったならば、第四章で紹介したイシグロの『わたしを離さないで』に登場する、キャシーの昔話を聞きたがる患者のように、他人の記憶と自分の記憶とがひとつに縒(よ)り合わされてゆく、などということは起こらないだろう。あるいは第二章で取り上げた『羊と鋼の森』での、記憶の中の音に合わせてピアノを調律する、というエピソードも意味をもたなかっただろう。だが私たちが両者の相補関係も併せ呑み、(ときには補正されたものであっても)自分は「幸せだった」という記憶を求め、それを想起し続ける存在であるならば、また新たな物語を紡ぎ出すこともできる、そのような未来に期待したい。

テッド・チャンの物語で示されていた「完全な記憶」と、辛い記憶をすべて忘れてしまいたいと『記憶屋』で渇望される「完全な忘却」は表裏一体の関係にある。だが両者とも私たちにとっての記憶をめぐる難題（アポリア）を解消することはない。重要なのは、過去の事実そのものではなく、それをどのように感じていたか、あるいは自分にとってどのような意味をもっていたかという点であり、その過去に伴う何らかの「痕跡」が必要だということになりそうである。過去の事実と寸分違わぬ「記録」的な記憶と、完全な忘却とのあいだにあるなにか。[*21]

小川洋子『密やかな結晶』[*22]は、あらゆるものが少しずつ「消失」してゆく島に暮らす人々の物語である。次に何が失われるのかを事前に知ることはできず、それが失われた後に人々ははじめて気づくのだが、より正確には、もの自体が消えるのではなく、失われるのはその事物がもっていた「意味」とそれにまつわる「記憶」と「感情」である。残されたものは空虚な残骸であり、人々

（＊20）物語を語る存在としての人間、という考えにもとづく、「叙述的（ナラティブ）アイデンティティ」（narrative identity　「物語的自己」とも訳される）という概念はポール・リクール『時間と物語』（全三巻、久米博訳、新曜社、二〇〇四年）でも展開されている。

（＊21）第二章で紹介した福岡伸一のエピソードを思い起こしても良いだろう。

（＊22）小川洋子『密やかな結晶』（講談社、一九九四年）発表から二五年を経た二〇一九年に、*The Memory Police*というタイトルで英訳されて海外での注目を集め、二〇二〇年の国際ブッカー賞の最終候補にもなった。

はそれが自分たちにどのような気持ちをかき立てられていたのかを思い出すことができない。「写真」が焼失したときの「今はもう写真を見ても何もよみがえってきません」という語り手の言葉は、それがもたらす「心の空洞」の状態をよく表している。

懐かしくもないし、胸がうずきもしない。ただの、つるつるした一枚の紙にすぎません。心の空洞がまた一つ増えたんです。それを元通りにする方法なんて誰も知りません。消滅とはつまり、そういうことなんです

（小川『密やかな結晶』一三八）

かつては島と外界とのあいだを運行していたフェリーの整備士をしていたおじいさんも、「フェリー」が失われた後（それは人々が島から決して出られなくなっていることも意味する）は、廃墟となったフェリーを見てもそれがどのようなものだったか思い出すことができない。また、密かに「小説」を書いていた主人公も、それが失われてからはその先を書き続けることができなくなってしまう。

そのような状況下でも、島内で唯一、記憶を奪われることなくとどめている人物（R氏）がいて、「記憶の余韻」がどのようなものかを語り手に伝えよう（あるいは思いださせよう）とする。

僕の記憶は根こそぎ引き抜かれるということはない。姿を消したように見えても、どこかに余韻が残っているんだ。小さな種のようなものだ。何かの拍子にそこへ雨が吹き込むと、また双葉が出てくる。それにたとえ記憶がなくなっても、心が何かをとどめている場合もある。震えや痛みや喜びや涙をね(一一九)

そして彼女も、自分の中からはすでに失われたものの記憶を蔵した彼の心を想像しようと試みる。

わたしは目を閉じ、その温もりを隅から隅まで味わいます。すると、わたしが失ってしまったものたちの感触が、じわじわとよみがえってくるんです。あなたの中に残されている記憶を、掌で感じ取ることができるんです。(一二〇)

だがR氏のような存在も、失われた記憶を思いだすための数々の「品物」たちも、忘却の波に襲われる語り手を含めた他の人々とのあいだの深淵を架橋することはできず、その隔たりを際立たせるだけであることは物語を通じて何度も強調される。

これまでだってずっと、あらゆる種類の消滅を受け入れてきたわ。とても重要で、思い出深くて、かけがえのないものをなくした時でさえ、ひどく混乱したり苦しんだりはしなかった。私たちはどんな空洞でも迎え入れることができるのよ(三五七)

こうした喪失感は、「喪とメランコリー」(フロイト)や「ノスタルジア」といった概念でもある程度は説明することはできる。だが、現実には記憶の謎や喪失による心の空洞はそれだけで説明・解消できるものではなく、誰のものでもない自分自身の「記憶の物語」が必要なのだということを改めて教えてくれる。

また、直接的に記憶と忘却をテーマとするものではないが、筒井康隆『残像に口紅を』(*23)の一節は、完全な消失(忘却)の手前にある残像のかけがえのない尊さを表してくれている。事物が跡形もなく消失してゆく世界(その基準はランダムに選ばれた一文字がつく言葉がすべて消えるという、筒井ファンにはたまらない奇想天外なものであるが)で、主人公の家族が消えたときにはそこに束の間残された、存在の余韻としての「残像」を名残り惜しむ場面が描かれる。

ひとり消えたたな。たしかにひとりいなくなった。その名とともにこの世から消失した［……］佐治勝夫はいそぎ、記憶から脱落しないうちにと三女の残像を追った。もはや正確には思いだすことができなくなっている。無理に思いだそうとしない方がこの虚構の中ではまともな対応なのだろう。（筒井　四九）

彼女の化粧した顔を一度見たかった。では意識野からまだ消えないうち、その残像に薄化粧を施し、唇に紅をさしてやろう（筒井　五〇）

作品タイトルの由来ともなっているこの場面では、事物そのものではなく、その消失によって際立つ、それをとりまく情緒的な印象こそが記憶にとって重要であることを強調しているが、そのことは後に妻が消失してゆく際には、（コミカルなトーンで）さらに明確に示される。主人公勝夫はそのような、現実と虚構のあわいでぼやけてゆく妻の印象をこそ愛おしく感じていることに気づく。彼は生々しい現実味を失いつつある妻を「美化された」存在として、ようやく「好きになろうとしている」のだと彼女に呼びかける。

おまえはもう理想の妻になり理想の女になってしまった。お前はもうお

（＊23）筒井康隆『残像に口紅を』（中公文庫、一九九五年）

れにさからうこともなく、泣くこともさけぶこともない。『炊事にうんざり』とか『掃除でへとへと』などとこぼすこともない。その声は遠く、そのからだはピンク色に朦朧として輝きながらも定かではなく、おれのまわりをぼんやりと漂っているだけだものな。おれの隣りのその寝台でうっすらとした存在感をともなって寝ているだけだものな。好きにならずにいられるものか(九六―九七)

消えゆく記憶をノスタルジックに名残惜しむ一方で、思い出すのもつらい記憶を忘却してしまいたいという、『記憶屋』にも描かれていた欲求は、トラウマという観点から見れば非常に重要なものである。そして精神分析においてはトラウマや喪失体験と、それが心身にもたらす影響に対処するための方策が次々と試行されていることは第二章でも紹介した。あるいは、近年では対話や語りを通じておこなうナラティブ・セラピーやオープンダイアローグの可能性も検証されている。

そして言うまでもないことだが、精神分析的手法も解決に向けたアプローチの可能性の一つであり、記憶(そして忘却)の問題は、精神分析理論以前から取り組まれ続けてきた。そして本章で確認してきたような、完全な記憶と忘却との関わりから見ると、そもそもこのような「喪失」は果たして、つねにできるだけ早く治癒されたり、忘れられたりするべきものなのか、という問いも浮かんでくる。そこで次章では共同体や国家という集合的な観点も含めながら、喪失や忘却が私たちの記憶に与える影響についてさらに検証してゆきたい。

第六章

記憶を継承するために

忘却に対する記憶の戦い

前章で見たように、トラウマという用語にも端的に表される、つらい記憶を忘れてしまいたいという忘却への欲求は健全な日常生活を送る上でも重要なものである。だがこのような記憶を消去する「忘却術」が、個人レベルを超えて権力に利用され、都合の悪い他人の記憶を消したり改変したりすることに用いられる場合に引き起こされる、深刻な影響の可能性は、SFなどのフィクション作品でもたびたび示されてきた。小川洋子の『密やかな結晶』でも、「秘密警察」(英訳版ではより直接的に the Memory Police[記憶警察])が登場して、消えた記憶を連想させるようなものを所持していないかを監視する「記憶狩り」をおこなう。彼らがどのような組織で、いかなる体制に属しているか詳細は明らかにされないが、反抗することの困難な強圧的な雰囲気をたたえていて、彼らに連行された人々は決して戻ってこないことが示唆される。つまりこの島内では、人々が思い出してよい記憶と、思い出すべきでないものとが外的な権力的存在によって統制されているのだ。それゆえ、消えた記憶を例外的に保持しているR氏は、「覚えておくべきではない」ものをもった危険因子とみなされ、秘密警察の目につかないよう主人公たちによってかくまわれることになる。

また、権力による監視と統制が行き渡った世界を活写するジョージ・オーウェルの『一九八四年』[*1]でも、過去の記録と記憶の管理が大衆の支配強化につながることが冷徹に展開されている。主人公ウィンストン・スミスは体制への反抗を試みるが、最終的に思考警察(the Thought Police)に捕らわれてしまう。彼を尋問(そして拷問)するオブライエンは、ウィンストンに過去の記録と記憶を支配することは、過去自体を別のものへと変えるのに等しいことを主張する。


「過去はどこに存在するのだ? 存在すると仮定した場合だが」

「記憶の中に。過去は書きとめられています。」

「記録の中にね、それから?」

「頭の中に、人の記憶の中に」

「記憶の中にか。なるほど、結構。私たち党はすべての記録をコントロールし、すべての記憶をコントロールしている。それならば私たちは過去をコントロールしていることにならないかね?」(オーウェル 三八三―三八四)

(*1) ジョージ・オーウェル『一九八四年』(高橋和久訳、ハヤカワepi文庫、二〇〇九年)

ウィンストンがもともと従事していた職場での仕事は、国（「オセアニア」と呼ばれる）の過去についての記録を改変することであった（そして、過去を改ざんするこのような組織は「真理省」というまことに皮肉な名称で呼ばれている）。その対象は「書籍、定期刊行物、パンフレット、ポスター、ちらし、映画、サウンドトラック、漫画、写真類から、政治的な或いはイデオロギー上の意味を含んでいるかもしれないと危惧されるあらゆる種類の文献、文書」まで及んでいた。ウィンストンたちが、そうして集められた文書を「記憶穴」（memory hole）へと放り込んでゆくとそれらは焼却され、新たな記録が作成されてゆくのである。過去に出されていた予測が現状とそぐわない場合は、予測についての記録の方が現状に合わせて修正されるため、政府による未来予測は「つねに正しかった」ことになる。

このようにして、党の発表した予言は例外なく文書記録によって正しかったことが示され得るのであり、また、どんな報道記事も論説も、現下の必要と矛盾する場合には、記録に残されることは決して許されない。歴史は、書かれた文字を消してその上に別の文を書ける羊皮紙さながら、最初の文をきれいにこそぎ落として重ね書きするという作業が必要なだけ何度でもできるのだった。一度この作業が済んでしまうと、文書変造が行われたことを立証するのはどうにも不可能だろう（オーウェル 六五）

そしてついには、党のスローガン「過去をコントロールするものは未来をコントロールし、現在をコントロールするものは過去をコントロールする」にあるように、大衆は改変がおこなわれていることとすら気づくことなくそれらを「真実」として受け入れるという判断停止にいたるのである。過去の記録が書き換えられることで、人々の記憶は不安定なあいまいさを増し、自分の嘘を自分で信じるに等しい、作品内で「二重思考」（doublethink）と呼ばれる状態へと陥ってゆく。

『一九八四年』では記憶の操作と強制的な忘却が、権力による個人支配の手段の一つとして描かれているが、それは記憶が人間のアイデンティティにとってどれほど重要な基盤の一つであるかも明確に示している。人々は自分の記憶を自由にできないだけでなく、権力に逆らうものは存在を消され、自分にまつわる過去も人々の記憶から文字通り抹消され、はじめから存在していなかったことにされてしまう。オブライエンは、ウィンストンの記憶のコントロールを掌握することで彼の人間性を内から徹底的に破壊する。

物語の終盤、ウィンストンが奥深くに記憶されていた恐怖を呼び覚まされるだけでなく、大切な母の記憶をも進んで手放してゆく様子は、この作品における冷酷かつ悲痛な場面の一つである。カフェでテーブルにつきジンを飲んでいた彼の脳裏に、子どもの頃の記憶の場面がふと浮かんでくる（本書における分類では第二章で触れた無意志的記憶ともいえる)。それは、幼少期に母と兄、妹と過ごしていた幸福感に充たされたもので、彼はかつて母親に対して抱いていた温かい愛情を一時的に思い出す。しかし党による「教育」の執行が完了していたウィンストンは、それを「偽りの記憶」だとみなして自ら拒絶する。

彼はその情景を頭から締め出した。それは偽りの記憶なのだ。彼は時折、偽の記憶に悩まされた。その記憶の正体が分かっている限りは、別に問題はない。実際に起こったこともあれば、起こらなかったこともある
(オーウェル 四六一)

このような記憶の想起は、彼の内面の自発性が残っていることを示すだけでなく、その記憶の内容は、党による支配が浸透する以前の歴史にも関わるがゆえ、人々を内から掌握しようとする権力にとって存在していてはならないものなのである(*2)。

こうした権力による記憶と忘却の支配が、現実の歴史上でもっとも完成に近づいていたものとしては、ナチス・ドイツが主導しヨーロッパで広域にわたっておこなわれていたユダヤ人たちに対する集団的な迫害および殺戮(ホロコースト)と、その主要な場所であった強制収容所をめぐる情報統制が挙げ

られるだろう。そこで何がおこなわれ、そこに入った人がどうなるかも外部に一切知られてはならないとされ、徹底的な守秘対策が講じられていた。この体制を、のちに政治哲学者ハンナ・アーレントが「忘却の穴」（holes of oblivion）と呼んで考察の対象としていることを、哲学者高橋哲哉は『記憶のエチカ』[*3]で取り上げている。アーレントは『全体主義の起源』で、権力によって忘却が強制されるのは、「全体的支配にとっての記憶の能力というものは非常に危険なもの」とみなされているがゆえに、権力側は当の人物だけでなく彼（女）を思いだす人々の記憶さえ消し去られた状態を目指していたと論じる。そのような場所は「だれがいつなんどき落ちこむかもしれず、落ちこんだらかつてこの世に存在したことがなかったかのように消滅してしまう忘却の穴にしたてられていた」（アーレント 二二四、高橋 七）のである。

そして私たちもよく知るように、ナチスによる試みは最終的には完成しな

（＊2）『一九八四年』も含めたオーウェルにおけるノスタルジアの重要性については川端康雄『増補 オーウェルのマザー・グース――歌の力、語りの力』（岩波現代文庫、二〇二一年）を参照

（＊3）高橋哲哉『記憶のエチカ――戦争・哲学・アウシュヴィッツ』（岩波書店、一九九五年） また、ホロコーストと文学作品との関連性については、Robert Eaglestone, *The Broken Voice* (Oxford UP, 2017)も論じている。イシグロの『わたしを離さないで』を「公共の秘密」（Public Secret）という観点から論じた章の訳（金内亮訳）が田尻・三村編『カズオ・イシグロ『わたしを離さないで』を読む』にも収められている。

かったのだが、だからといって権力による「忘却」への志向を決して楽観視すべきではないことも高橋は強調する。彼はアーレントがのちには「忘却の穴などというものは存在しない」と『イェルサレムのアイヒマン』で述べていることを挙げて、その根拠が「人間がすることはそれほど完璧ではない」とか「世界には人間が多すぎる」という「何のことはない」ものとされていることを批判的に取り上げ、「完全な忘却」の可能性を忘れてはならないと警告する（高橋 一四―一八）[*4]。

このような点から見れば、抑圧的な権力への対抗手段が「正しく覚えておくこと」あるいは「正しく思い出すこと」だと示されることがあるのは、実効性のない自己満足的な退行戦（まさしく「覚えておけよ！」という敗残者の捨て台詞のように）という以上に、それなりの説得力があるように思われてくる。「主体の権力に対する戦いは忘却に対する記憶の戦いだ」（七）というミラン・クンデラ『笑いと忘却の書』[*5]での一節を思い起こさせるだけでなく、オーウェルの『一九八四年』でも（最終的には失敗してしまうものの）、党による組織的な記憶の改ざんに対して、ウィンストン・スミスが日記をつけることで抵抗しようとしていることにも私たちの目を向かわせる。ウィンストンは何かに突き動かされるように、ペンとノート（それはこの世界では使われなくなって久しいデバイスである）を使って、その日のことだけでなくそこから連想される過去の経験について、自然に思い浮かんでくることを書きつけ始める。権力によってすべてが掌握されているこの世界においては、この行為自体が党による記憶の改ざんと忘却に対抗して、内面と思考の自律と自由を取り戻す抵抗運動のきっかけでもあった。彼は希望を込めて「自由とは二足す二が四であると言える自由である。その自由が認められるならば、他の自由はすべて後からついてくる」(オーウェル 一二五)と力強く記す。このように過去を想起する自由を求めるウィンストンの意志は、残念ながら物語内では潰えてしまうのだが、その叙述(ナラティブ)を通じて読者である私たちにもすでに受け渡されている。

記憶の倫理——どのように忘れ、思い出すべきなのか

それでも忘却が積極的に求められることとは集団においてもありうる。共同体や国家で集合的に受け継がれている記憶がトラウマ的なものである場合に

(＊4) それが人々の想像を絶するものであった場合には、それを表現するための言葉が足りないために、必然的に詩的な表現に頼らざるをえなくなってしまうことと、その経験が人々には「信じがたい」ものであるために受け入れられない可能性があるという弊害も高橋は指摘する。

(＊5) ミラン・クンデラ『笑いと忘却の書』(西永良成訳、集英社文庫、二〇一三年)またホワイトヘッド『記憶をめぐる人文学』の一節(一二〇―一二四頁)はニーチェとクンデラ『存在の耐えられない軽さ』で表される記憶観を対比している。

は、それを忘れて、過去がもたらす重荷を軽減したいという欲求がはたらくのは個人的なレベルと同様であろう。そしてそこには、現在におけるその過去との関係を見なおし、編みなおす可能性も含まれている。とくに、加害者となった側と犠牲者とが存在する場合には、過去の「忘却」が積極的に求められることもあるだろう。忘れること（forgetting）が許し（forgiving）につながることを、哲学者のポール・リクールは『記憶・歴史・忘却』[*6]で述べる一方で、それが記憶喪失（amnesia）と特赦（amnesty）へと展開してしまう危険性にも懸念を示している。完全な忘却である特赦が法律として発動されれば、それらの行為について言及することは禁じられ「何も起きなかったということに等しい」」（リクール『記憶・歴史・忘却』下巻 二四九）ことになるからである。

つまり現代は完全な記憶（記録）と完全な忘却とのあいだで、「正しく忘れ、正しく覚えておく」ことがこれまでにないほどに強く求められる時代だということもできる。「何を」「どの程度」、そして「どのように」継承すべき（あるいは忘れるべき）なのか、という切実な問題は、記憶研究ではしばしば「記憶の倫理」（ethics of memory）として思索の対象となっている[*7]。「過去のあやまち」は都合良く忘れ去られたりしてはならないが、その一方で、「正確な過去」は本当に保持・再現可能なのか、あるいはそれが技術的に可能だとして、やはり何も忘れない方がよいのか？　前章でテッド・チャンの短篇と『記憶屋』を例に個人的なレベルで考えてきた問題が、ここでは現実の国家や共同体という集合的なレベルにも広がりをもっていることがわかる。

第三章でも取り上げたイシグロの『忘れられた巨人』が、そのような問題意識もテーマの一つとしていることは比較的よく知られている。中世イングランドを舞台とするこの作品が生まれるきっかけの一つとして、一九九四年にルワンダで起こった大量虐殺など世界各地で繰り返されてきた民族間の対立があった。すでに紹介したとおり、『忘れられた巨人』ではブリトン人によるサクソン人の被虐の歴史が、サクソン人の戦士ウィスタンからエドウィン少年へと受け継がれてゆく様子が描かれていて、個人のライフスパンを超える過去から伝わる「民族の記憶」の継承も主題となっている。そして『忘れられた巨人』で示されるのは、忘却の霧を吐き出す雌竜が退治されることで戻ってくる記憶たちの中には、好ましくないものも含まれているということである。

また民族グループ間の抗争をめぐる共同体の記憶だけでなく、個人的なレベルでも老夫婦にとって好ましくない記憶が戻ってきて、竜を退治することは最終的な解決ではなく、あらたな課題のはじまりにすぎなかったことも明

(＊6) ポール・リクール『記憶・歴史・忘却』(上下巻、久米博訳、新曜社、二〇〇四—二〇〇五年)
(＊7) Avishai Margalit, *The Ethics of Memory* (Harvard UP, 2002)や David Rieff, *In Praise of Forgetting* (Yale UP, 2016)など。

らかとなる。この物語でも最終的に読者に突きつけられるのは、ではそのような忌まわしい記憶は思い出されることなく、奥深く埋められて忘れられたままの方がよかったのだろうか、という問いである。しばしば抽象的になりがちなこうした思考実験的な議論をより具体的に深めるために、ホロコーストという巨大な悪しき過去をめぐって、今でもヨーロッパ全体が向き合い続けている取り組みを再び取り上げよう。

イシグロがこのような記憶の継承に関心を抱くようになったきっかけは、そのノーベル賞受賞スピーチでも述べるように、第二次世界大戦中の強制収容所の遺構を見学したことであった。(*8) 彼はそのときの様子をスピーチの中でこのように述べている。

> 手入れもなく放置されている様が不思議でした。いまでは湿り気を帯びたコンクリート片の山となり、ポーランドの厳しい気候にさらされて、年々朽ちていっています。招待者の方々は、ジレンマを抱えていると話してくれました。風防ガラスのドームで覆い、後世の目にも触れるよう残すべきなのか、それとも自然に、徐々に、朽ちて果てていくのに任せるべきなのか。私には、その悩みがもっと大きなジレンマの暗喩のように聞こえました。こうした記憶はどう保存すべきなのか。ガラスのドームで覆うことで、悪と苦痛の遺物が博物館の穏やかな展示物に変わって

しまうのか。私たちは何を記憶するかをどう選択したらいいのか。忘れて先へ進んだほうがいいと、いつ言えるのか……。（イシグロ『特急二十世紀』六三）

その簡潔な言葉づかいには、記憶というテーマに取り組み続けてきた彼の問題意識が凝縮されているだけでなく、本書でもこれまで見てきた記憶の物品や場所、あるいは集合的記憶や記憶の継承、記憶の倫理という観点にも通じるものが表れている。イシグロが実際にアウシュヴィッツやビルケナウの見学に行ったのは一九九九年のことだが、作品の直接的なテーマとして『忘れられた巨人』へと結実するのは二〇一五年とずいぶんあとになってからのことである。彼にとっても、それほどの時間を必要とする主題だったということもできるだろう。

それでも彼の中でこうしたテーマが重要なものであり続けたことは、スピーチでも紹介するように、来日時（二〇〇一年）の質問の一つに対する、「これ

（＊8）『特急二十世紀の夜と、いくつかの小さなブレークスルー――ノーベル文学賞受賞記念講演』（土屋政雄訳、早川書房、二〇一八年）。また、長崎出身のイシグロにとっては、ホロコーストに加えて日本での「原爆」という過去も重要であることも付け加えておく。その議論の一端は田尻芳樹、秦邦生編『カズオ・イシグロと日本』（水声社、二〇二〇年）でも見ることができる。

からは、国家や共同体がこの問題にどう向き合うかをテーマに書いていきたい」（六七）という返答にも表れている。

国家も、個人と同じように記憶したり忘れたりするものなのか。それとも、そこには重要な違いがあるのか。国家の記憶とは、いったいどんなものなのか。それはどこに保存されているのか。どうやって作られ、どう管理されているのか。暴力の連鎖を断ち切り、社会が混乱と戦争のうちに崩壊していくのを阻止するためには、忘れる以外にないという状況もありうるのか。としても、意図的な健忘症と挫折した正義を地盤として、その上にほんとうに自由で安定した国家を築くことなどできるのか。私はそういうことについて書く方法を見つけたいが、残念ながら、いまのところどうやっていいかわからずにいる……。私の耳に、そんなことを質問者に答えている自分の声が聞こえてきました。（イシグロ『特急二十世紀』六九）

一九五四年という戦後生まれのイシグロが「私たち世代の成長過程にまで影を落とし続けた暗黒の力」と表現する、このような「巨大な誤った過去」とどのように向き合うのか。それはドイツでは実際に「ホロコースト研究」（Holocaust studies）として大きな問題となっていた。ホロコーストの当事者

（被害者であるユダヤ人だけでなく、直接的あるいは間接的に関わったヨーロッパの人々）に加えて、のちの世代にとっても、その過去に対する態度はさまざまである。

ドイツにおける記憶の文化研究者で「文化的記憶」（cultural memory）という用語の提唱者でもあるアライダ・アスマン（Aleida Assmann）は『想起の文化』で、当事者である第一世代と、それに続く第二世代以降との対照的な態度という分類を提示している。[*9] まず一つ目が出来事の当事者に典型的な「沈黙」である。[*10] 直接的であれ間接的であれホロコーストに関わっていた第一世代は、その過去をいわば終止線で消して「今後話題にしない」という態度を取っていた。だがそれに続く子どもたちの第二世代では、「事実を明らかにしなくてはならない」という「開示」の態度として表れた。それらは当事者である前世代

（＊9）アライダ・アスマン『想起の文化――忘却から対話へ』（安川晴基訳、岩波書店、二〇一九年）。以降の概略は理解へのステップとして簡略化したものであることをご了承いただきたい。また、アスマンの理論モデルについては『想起の文化』やアスマン『想起の空間』（水声社、二〇〇七年）の訳者解説をはじめとして、ドイツにおける記憶研究を専門とする安川晴基氏（名古屋大学）にもご教示いただきました。安川先生のご厚意に感謝申し上げます。

（＊10）『想起の文化』第二章と第三章を参照。また同様の反応はドイツ国内だけでなく、ヨーロッパ全体でも集合的におこなわれていた。とくにフランスについてはホワイトヘッド『記憶をめぐる人文学』の一九一―二〇一頁、およびアンリ・ルソー『過去と向き合う』（剣持久木他訳、吉田書店、二〇二〇年）も参照。

との断絶を前提としている。彼らは「自分たちの両親が放棄していた〈過去の克服〉という問題を取り上げ、それを自分たちの〈世代の目標〉」（四九）としたのである。そこには過去の告発だけでなく、両親たちが口をそろえて沈黙していたことへの非難も含まれていた。

アスマンの分析が秀逸なのは、（一九六八年がそのメルクマールとなる）第二世代が親世代から自分たちを徹底的に引き離したことだけでなく、その内面における同一化対象の相違にも注目している点である。彼女は第二世代以降の態度の特徴として、彼らがユダヤ人の被害者へと同一化していることを挙げ、ドイツ人でありながら被害者の親族と個人的にコンタクトを育んでいるものもいることを好意的に例示している。そして自分たちの住む国で起こった過去に対するこのような態度は、「決して忘れない」ための「想起の文化」が醸成される土台となっていると論じる。

また、そのような活動によって世代間での分極化が深まる面があることも彼女はよく理解しており、両者のあいだでの対話の必要性も強調している。想起し続けることは心地よいことばかりとはいえないために、「いつまで謝罪すればよいのか」「もう十分だろう」「私たちとはもう関係がない」という否定的な忘却への志向が生じる可能性に加えて、ユダヤ人犠牲者たちへの同一化を「欺瞞だ」とする批判も起こっている。アスマンはそのような批判に対して、「被害者への同一化」とは「自分自身をユダヤ人被害者と見なす」ことではない、と丁寧に区別する。

共感とは感情移入を意味し、ほかの人に感情的に結び付くことを可能にする。その人の運命に同情するが、しかし、それによって自分と他人が違うという明確な意識を放棄することはない。同一化は、被害者とともに、価値観と態度を受け継ぐことを意味する。しかし、それらを受け継いだからといって、決して、自らのアイデンティティ、家族、ネイション、歴史から解放されるわけではない（アスマン　六四）

そして、類似したものに見えながらも、内実がまったく異なる「〈被害者に同一化した〉想起」と「〈被害者に寄り添った〉想起」を区別しなくてはならないと強調する。

ドイツ人は、ユダヤ人と一緒に自分自身を被害者として感ずるために、不遜にもユダヤ人被害者と自分を同一視することはできない。それに対して、ドイツ人が共感的に被害者と一緒に感ずることは、可能であるばかりか、まったくもって適切である。ゆきすぎた同一化がアイデンティティの間の差異を消してしまうのに対して、共感は自己と他者の区別を前提とする。〈ともに感ずること〉と〈自分が何某であると感ずること〉は、

それゆえ、根本的に異なる感情行為である（アスマン　六六　強調原文）

ドイツの人々が現在にいたるまで、自分たちの国の悪しき過去と向き合い続けるための「想起の文化」という概念装置を維持し続けて、それにもとづいた各種の具体的実践[*11]を生み出し続けていることは、賞賛に値するし、ドイツ以外の国々（もちろん日本も含めて）にとっても学ぶ点は多いだろう。だがその一方で、「ホロコースト」という用語が世界各地でのおこなわれる大規模な迫害行為を指すために比喩的に用いられることへの注意も促されている。そのような結びつけには、それぞれの国が抱えているトラウマ的な歴史へと、周囲の目を向けてもらう目的があるのだが、そうした実践については、アヴィシャイ・マーガリト（Avishai Margalit）も指摘するように、ホロコーストという事象のインパクトゆえにこの語がグローバルに広まった結果、ホロコーストを他の迫害行為よりも優位なものとしてしまうのではないかという懸念があることも事実である（Margalit 80）。このような事例として、一九九三年にアメリカのワシントンに建てられたホロコースト記念博物館をめぐるエピソードを紹介しよう。この博物館を訪れたある批評家が、「殺されたユダヤ人は六〇〇万人だったかもしれないが、迫害された黒人の数はその百倍だ」と述べて、アメリカにおける黒人たちへの迫害を「ブラック・ホロコースト」（black holocaust）と表現した。[*12]

黒人迫害の切実な歴史を抱えたアメリカの中心地であるワシントンに、遠く離れたヨーロッパにおけるホロコーストに関する大規模な記念館が建てられることに対する皮肉を込めた表現であり、過去を想起する手段や方法には倫理的配慮も不可欠であることを示すものだといえるが、別々の場所と時代に起こっていたこれら二つの大きな迫害行為が関連づけられていることは、単なる比喩以上の可能性が秘められているようにも思われる。アスマンはこのような実践がドイツ語では「ホロコースト化」(Holocaustisierung)と呼ばれる危険性を含むことを紹介しながらも、この語が別の迫害行為も指す文化的な批評用語(ターム)として広がることの利点にも目を向ける。そしてそれらの出来事同士が、メタファーやアナロジーによって結び合わされて「連帯の複雑な行為」(アスマン 一九一)が生まれることもあるはずだと期待する。それは過去

(＊11) 安川晴基「ホロコーストの想起と空間実践」(雑誌『思想』二〇〇五年八月号所収)は、一九九五年からの「躓きの石」プロジェクトや、二〇〇五年に設立された「虐殺されたヨーロッパのユダヤ人のための記念碑」などベルリン市内での想起のための施設を紹介している。

(＊12) Michael Rothberg, *Multidirectional Memory* (Stanford UP, 2009) p. 1 なお、ここで言及される「批評家」ウォルター・ベン・マイケルズは『シニフィアンのかたち』(三浦玲一訳、彩流社、二〇〇六年、原著は二〇〇四年出版)の第三章「歴史主義」で、ホロコーストがアメリカにおいても特別な位置づけをされていることに触れ、そこからアメリカにおける奴隷制の歴史を記憶の問題へと接続する議論を展開している。

を忘れることなく想起して追悼（commemoration）することにもつながるだろう。

また、同じくホロコーストを中心とする記憶文化の研究者であるマイケル・ロスバーグ（Michael Rothberg）も、このような結びつけが、近代の歴史における暴力的な事例同士を緩やかに接続して忘却されることに抵抗する働きをもつことを強調して、それを「マルチディレクショナル・メモリー（多方向性記憶）」（multidirectional memory）と呼び、ホロコーストという用語が、現代では奴隷制などナチス以前の現象を考察するために用いられることもあると論じている。(*13)

アスマンは想起することも忘却することも、人間にとって欠かせない特性であり、想起することが憎しみを煽り抑鬱へといたる危険性があるのだから、重要なのは「想起する内容と枠組をなす条件」を検討することだと主張する。その上で彼女は、トラウマ的な過去と付き合うために次のような四つのモデル（「一．対話的に忘れること」、「二．決して忘れないために想起すること」、「三．克服するために想起すること」、「四．対話的に想起すること」）に分類する。(*14)

「一．対話的に忘れること」（本節のはじめでもリクールの思想やイシグロの『忘れられた巨人』を例に述べたように）ときには過去を忘れ、許すこと（foget / forgive）が新たに友好の未来へと踏み出すために必要とされることは歴史上数多く存在した。

「二．決して忘れないために想起すること」　だが忘却も決して万能薬ではありえない。とくに、ホロコーストのように一方的に極度の暴力がふるわれた場合には、忘却ではなく「ともに想起する」心構えによって生存者や被害者の子孫と新たな関係を取り結ぶことができる。

「三．克服するために想起すること」　この想起の形式は精神分析のカタルシスになぞらえて説明されていて、最終的にはトラウマ的な過去から人々を解放して、和解と社会および国民の統合を目指して実践される。各地で構成されている〈真実和解委員会〉が目的としているのは、この意味での想起である。

「四．対話的に想起すること」　一国あるいは共同体を超えて、二つかそれ以上の国家のあいだでおこなわれる想起の政治で、どちらか一方が相

（＊13）ロスバーグの『巻き込まれた主体』（*The Implicated Subject* (Stanford UP, 2019)）も参照。こうした意識のもとにおこなわれる文化研究をまとめた、日本語で読めるものとしては第一次世界大戦を対象とする『百年の記憶と未来への松明』（霜鳥慶邦、松柏社、二〇二〇年）がある。また別に、日本における原爆（とくに長崎）の被爆体験をホロコーストと関連づける考察もあるのだが、その姿勢の倫理的な注意点やその是非、功罪はこれからも検討され続ける必要はあるだろう。

（＊14）より詳細な議論は、アスマン『想起の文化』の第七章を参照。

手のトラウマ化した歴史に関与していることを認めて、相手の国民の苦しみを共感をもって自分たちの記憶に包み込むことを目指す。

とくに四番目の「対話的に想起すること」はまだ始まったばかりで、一国内での記憶の共有を前提とする、従来の意味での国民的記憶にとっては大きな挑戦となることもアスマンは認めている。相容れることのない部分を含んで対立し合う国民的記憶の叙述(ナラティブ)を、別の叙述へと統合するのでなく、それらの歴史像を接続可能なものにするという、困難なものであるが、国を超えた対話的想起が今後は必要となることを強調する。また、複数の叙述を統合することなく、両立させるための手法としてアスマンによって導入されているものに、先にも挙げたロスバーグのマルチディレクショナル・メモリーや、「共有された物語(シェアード・ナラティブ)」と「共有可能な物語(シェアラブル・ナラティブ)」という区分があることも紹介しておく(*15)。ホロコーストという巨大な問題については、ここまでまとめてきたような、概略的な紹介以上に踏み込むことはこの小著あるいは筆者の力に余るのだが、こうした問題を頭の片隅に置いておくことで、日本に暮らす私たちにとっての戦争や震災、疫病といった過去の災厄についての記憶の継承に目を向けるきっかけともなることを期待したい。

体験していない記憶を想起するために

過去を風化させないために記憶を受け継ぐ。その理念自体の重要性は疑いないが、個々の実践においてはその表現方法をめぐる困難や逡巡、懊悩がつねに実感される。二〇二〇年にNHK広島放送局による「ひろしまタイムライン」というSNS上での企画が議論を巻き起こした。この企画は「もし七五年前にツイッターがあったら」という意図のもと、一九四五年当時広島に住んでいた三名によって書かれた日記をもとにしたツイートがツイッターで流されるというものであった。そのうちの一名の発信に朝鮮半島出身者を指す（現在ならば差別表現に相当する）「朝鮮人」という言葉が用いられ、書き手の差別意識を示すような表現に、「不適切ではないか」と物議を醸したのである。これらのツイートは日記だけでなく手記やインタビューをもとにして、十代の高校生五名が書き起こしていたとのことだが、現在は八十代になる日記の書き手自身が自分の当時の気持ちとは異なるものだったという違和感を表明している。[*16] 何が問題だったのだろうか。この一連の出来事は、過去を再現す

（*15）日本やアジア、ヨーロッパおよびアメリカでの慰霊や記念、追悼の具体的な形式の追求は、高橋哲哉が序文を寄せる、「記憶と表現」研究会編の『訪ねてみよう戦争を学ぶ——ミュージアム／メモリアル』（岩波ジュニア新書、二〇〇五年）にもまとめられている。

ることにともなう難しさや、配慮の必要性に対する私たちの意識を喚起してくれる。ツイッターも含めたあらたな技術あるいは媒体（メディア）が発展すれば、それまでになかった多彩な表現が可能となるが(*17)、実践してみるまでは思いもよらなかった弊害が現れる。その穴を埋めながら、同じ轍を踏むことのないよう一進一退を繰り返してゆくしかないのだろう。

また、物語（古来の神話や詩、小説、映画、漫画、アニメーションも含めて）による再現もそのような媒体（メディア）の一つである。先ほどの「ひろしまタイムライン」が批判された際には、ツイッターの特徴でもある一ツイートあたり一四〇文字という記述上の制約と、それらが断片的に発信されるというメディア上の特性も理由に挙げられていたが、複雑な構成を用いた原爆や戦争についての物語表現でさえも同様の陥穽（かんせい）を逃れているとは言いがたいことも私たちはよく知っている。それは表現の「リアリティ」という場合に、描かれるものの「生き生きとした「あるいは生々しい」描写」と、過去への「忠実さ」との両極のあいだでつねに往還していることも理由の一つだろう（そして、どんなに「リアル」な表現を求めても、「枠組（フレーム）」による切り取りの問題を逃れられないことは第一章でのバトラーの議論でも見た通りである）。

ホロコーストを題材とする作品が製作される場合でもそのアプローチがさまざまであることは、関係者へのインタビューをまとめたドキュメンタリー『ショア』（クロード・ランズマン監督、一九八五年）や、実在の人物を描く『シンドラーのリスト』（スティーブン・スピルバーグ監督、一九九三年）、当時あるいはその後の時代を舞台に架空の人物たちも含めた人間模様を描く『ライフ・イズ・ビューティフル』（ロベルト・ベニーニ監督、一九九七年）や『さよなら、アドルフ』（ケイト・ショートランド監督、二〇一二年）、『ジョジョ・ラビット』（タイカ・ワイティティ監督、二〇一九年）、あるいは過去と向き合うこと自体をテーマとする『否定と肯定』（ミック・ジャクソン監督、二〇一六年）などからも見て取れる。また、近年では「もしホロコースト当時にスマートフォンとSNSがあったら」という主旨で、強制収容所で亡くなったユダヤ人の少女エヴァ・ヘイマンの日記をもとにして、イスラエルの親子によって製作された動画がインスタグラムに投稿され、その映像のインパクトゆえ賛否両論の話題になった。[*18]

過去を再現する、亡くなった人々の声を代弁する、そのような試みは出来

（*16）「「シュン」の日記主、NHKに不信感 ―― 認識に食い違い」（朝日新聞 二〇二〇年九月六日）https://digital.asahi.com/articles/ASN956TL5N91PITB01J.html

（*17）「記憶の解凍プロジェクト」と呼ばれる、過去の白黒写真をAI技術によって当時の色合いを推定して着色するという、東京大学の渡邉英徳氏が中心となっておこなっているものもある。色鮮やかになることで、観るものへのインパクトが格段に向上している。その成果は、『AIとカラー化した写真でよみがえる戦前・戦争』（庭田杏珠、渡邉英徳、光文社新書、二〇二〇年）にまとめられている。https://gendai.ismedia.jp/articles/-/66484

事を体験していない第三者にはもちろん、当事者でさえ困難な時がある。過去の記録にもとづいて、叙述や物語を立ち上げる場合には、記されていない部分を推測や想像力によって「補正」することは必然的におこなわれるが、それが現代的な解釈に極度に引き寄せられていたり、極端な強調や単純化がおこなわれていたりして、原点(原典)とはかけ離れたものになっている場合にはしばしば批判の対象ともなる。そして時が経って、出来事を直接体験した当事者が減ってくれれば、こうした問題はより切実なものとなるだろう。

第四章で触れた、ミナが娘のために残したレシピ集についてまとめた『記憶のキッチンで』を例に挙げた第二世代(second generation)問題とも関わっていることは明らかである。そこでも紹介したハーシュの「ポストメモリー」という概念が表すように、記憶研究においては、実際の体験をもたない子や孫たちの世代が、親や祖父母の世代による戦争やホロコースト、あるいは移民の経験についての記憶を保持・継承あるいは想起するための手段や、それに伴う困難および問題点が検証されている。(*19)

実際には出来事を体験していない者たちによる「記憶の継承」の興味深い実践として、日本では広島の高校生たちによる「原爆絵」のプロジェクトがある。(*20)本書における議論の多くを集約してくれる事例として紹介しておこう。これは二〇〇七年に広島市立基町高校の創造表現コースで始められた、原爆被爆者の体験を生徒たちが絵画として描く「次世代と描く原爆の絵」と題された試みで、生徒たちはペアになった被爆者の話を聞きながら、一年かけて油彩画を仕上げてゆく。生徒たちが産婆役となり、「被爆体験証言者の記憶に残る光景」を協働して視覚化するという、記憶の文化研究の観点からも非常に興味深いものである。[*21] 広島への原爆投下から七五年以上を経て、こうした試み

(*18)「ホロコーストの時代、インスタあれば…等身大の姿を再現」(朝日新聞 二〇一九年五月一日) https://digital.asahi.com/articles/ASM4Z1QX2M4ZUHBI001.html

(*19) 第二世代や移民たちの記憶の継承の問題については、Nina Fischer, *Memory Work: The Second Generation* (Palgrave Macmillan, 2015) や Irial Glynn (ed.), *History, Memory and Migration* (Palgrave Macmillan, 2012)も参照。

(*20) 二〇一九年までに一三七点が描かれていて、広島平和記念資料館HPでも見ることができ、題材となった場面(被爆時だけではなく、その後の出来事を描いたものもある)についての説明も付されている。http://hpmmuseum.jp/modules/info/index.php?action=PageView&page_id=184

(*21) このプロジェクトについてまとめたものには、弓狩匡純『平和のバトン』(くもん出版、二〇一九年)やNHKによるドキュメンタリー『あの夏を描く 高校生たちのヒロシマ』(二〇一九年八月放送)がある。また教育学を専門とする山名淳氏(東京大学)による、基町高校の生徒たちへのインタビューを含めた調査にもとづく論考もある(Jun Yamana, "Catastrophe, Commemoration and Education: On the Concept of Memory Pedagogy," *Educational Philosophy and Theory*, Vol. 52, Issue 13(2020), pp. 1375-1387.) 本項の記述はこれらの文献も参考にしながらまとめた。論考や記事の紹介も含めて御教示いただいた山名先生に感謝申し上げます。

は今後ますます意義を高めるだろうが、記憶の共有や継承（そしてポストメモリー）という点では、被爆者による直接的な記述に準じる二次的なもののどころか、また別の新たな可能性も秘めているように思われる。

もちろん、その試みに伴う困難はいくつもある。一つは、二〇〇〇年代以降に生まれた十代の高校生たちが一九四五年当時の文化や習慣をイメージすることの難しさである。被爆者の語りに出てくる「ゲートル」や「モンペ」といった、彼らになじみのないものでも勝手な想像で描くことはできないため、その都度資料などに当たる必要があった。そして平和な時代に暮らす彼―女―たちにとって（それは私たちの多くにとっても同様だが）、原爆投下直後に「水を求めて取っ組み合いをしている人たちをどう描くか」（弓狩 四一）といった想像を絶する状況[*22]をイメージする困難がつねに立ちはだかる。彼らは被爆の現場を訪れて地面に横たわったりもしながら、現在の様子とは隔絶した当時の状況を思い浮かべ、被爆者の指摘によって修正されたり補強されたりしながら、次第に妥当なリアリティをもった表現へと練り上げてゆくのである。

また、被爆者自身が出来事を詳細に想起するのが困難な場合もある。「そこにいた負傷者の数、がれきのようす、空の色など、おじいちゃんも、じつはよく覚えていませんでした」（弓狩 九三）という言葉にも表れているように、被爆者自身の記憶も決して完全とは言えず、しばしばあいまいなところや空白が存在している。それは七〇年以上も前の出来事でもあるし、理解を拒む未曾有の事態のためにもともと記憶が欠落しているということも考えられるだろう。被爆という言語に絶するトラウマ的な記憶は、多くの場合、自分だけでは想起して表すことができない。「夢にまで出てくるといった光景を思いださせることで、おじいちゃんがストレスを抱えてしまわないだろうか」（九二）、「ほんとうは、そんないやなことなど思いだしてほしくない、深く掘りさげたくない、傷つけたくない、といった気持ちとわたし自身も、つねに戦っていました」（九二）といった懸念を抱えながらも、六〇歳以上も年の離れた被爆者と高校生とが、被爆体験を後世に伝えなくてはならないという、より大きな使命感のもとに、これらの空白（あるいは漆黒）を対話を通じて思い出したり、ときには両者の想像力で埋めたりしてゆく。

絵のモチーフは被爆者の体験であるが、高校生たちも被爆者たちがもつイメージをただそのまま視覚化するための受動的な媒体ではなく、それを描く主体（エージェント）としてイメージの具現化に積極的に関わっている。一方がもう一方のイメージを代理で表象する（representation）のではなく、双方がその記憶を追体験し、再構築（reconstruction）してゆく作業であり、記憶に形を与えるために協働でおこなわれる産婆術とも言えよう。それは、もしかしたら、起こっ

（＊22）爆発直後の地表温度は一二〇〇℃にまで達していたとの調査結果もある（田賀井篤平『はじける石・泡立つ瓦　蘇る石の記憶——ヒロシマ・ナガサキ』（智書房、二〇二〇年）

た通りのものではないのかもしれないが、プロジェクトを立ち上げた橋本一貫教諭の言葉にもある通り、「証言者が見た真実」(弓狩 二五)を描くことが目的であり、記録写真や体験の聞き語りではなく、その製作プロセスも含めて第三者とともに絵画として表現することの意義がここにある。

そして被爆者とのコミュニケーションを通じて彼らの記憶を表現することは、記憶の継承をになう世代である生徒たちにとっても、話を聞いたり物語を読んだりする以上に、被爆というテーマへの深い関与(コミットメント)がある。ある原爆絵の事例では、そこに描かれた、当時は少女だった被爆者の姿が、それを描いた女子生徒自身のものに酷似していたのである(Yamana 9)。生徒はそのことをまったく意図しておらず、教諭や友人たちに指摘されてはじめて気づいたという。被爆者が「地獄のようだった」という光景を鮮明に視覚化するためにコミュニケーションを重ねていった結果、被爆者の記憶へと深く入り込んでいって、それを追体験したのではないだろうか。このことは、記憶の可塑性(あるいは柔軟性)とともに、記憶が本来的に現在において再構築されるもの[*23]であるだけでなく、記憶を当時のままに記録しておくことが、記憶の継承のための唯一の手段ではないことも示してくれる。自分の記憶と他者の記憶が明確に区別され、それぞれが当時のままに(場合によっては耐えがたいその鮮烈な衝撃も)想起されるのではなく、私たちの記憶があいまいで不正確なところも含みながら、過去の痕跡からその都度再構築されるものであるからこそ生じる可能性だとも言えるだろう。記憶がこのような性質を備えているからこそ、対話を重ねてゆくことで、私たち一人ひとりと他者との記憶とが結ばれ、両者の境界があいまいとなって混ざり合い、自分のものであるかのようにそれを引き受けて、継承の物語を紡いでゆく希望にもなりうることを信じたい。

（＊23）山名氏はこうした変容も含めた共有の過程を「記憶の翻訳」（translation of memories）と呼んでいる（Yamana 8-9）。

おわりに

記憶の人文学の扉の向こうへ

「一点の汚れもなき心の、永遠の陽の光」

アレクサンダー・ポウプ「エロイーザからアベラードへ」（映画『エターナル・サンシャイン』より）

「なんと残酷なものだろう、記憶というのは。なにを忘れてしまったのか、思いだせないのだから」

マーガレット・アトウッド『誓願』（鴻巣友季子訳）

「あなた方は記憶される、苦しみの声は届きました」

映画『否定と肯定』

本書の各章では、記憶と関連づけられる媒体を取り上げて、私たちにとって記憶とはいったいどのようなものなのかを、できるだけ具体的な事例を通じて考察することを試みてきた。第一章で取り上げた、過去の写真を現在において模倣するタイムスリップ写真にも端的に表れているように、私たちがまず記憶に期待するのは、「あの時、あの場所で、たしかにそのように行動した」という過去の事実の記録としての性質であるが、昔の写真を現在において複製する行為が象徴的に示す、記憶の「再構築性」を完全に払拭することはできない。それは記憶が多少は補正される可能性を含む「可塑性」だと言いかえることもできるが、気をつけなくてはならないのは、数多くの虚偽記憶や記憶違いの例が示すように、たとえ事実と相違する部分を含むものであっても、想起された記憶は私たちにとって過去の言動がそのようなものであったという根拠となる強力な「真正性(本物らしさ)」(authenticity)を備えているということであろう。

そのような真正性は、第二章で扱った「身体性」が伴う場合にはなおさら、抗いがたいほどに濃密なものとなる。「はじめに」でも提起したように、記憶にはそのとき私たちが抱いていた感情や、現在における解釈や印象が伴っていて、そうした強い情緒的反応には身体的な感覚の情報も織り込まれている。そのため、それらの感覚が記憶を長らく保持しておくためのフックとなったり、想起されるきっかけ(トリガー)となったりする一方で、それらの身体を介する記憶の例が示すのは、私たちの意識的な想起の試みを逃れてゆく領域の存在でもある。そしてその領域には、反復練習によって意識せずとも動作できるようになる「習慣的記憶」と、何気ない身体感覚がきっかけで予想もつかない形で突然に思い出されて、現在を飲み込んでしまうほどの勢いと力を備えた「無意志的記憶」とがある。このような区別は私たちが日常的に用いる「身体で覚える」「身体が思い出す」といった表現に込められうる意味の彩りの豊かさに目を向けさせてくれる。

狭義での記憶とは、脳内に形成される個人的・個別的なもので、そこから外部に取り出されることは（現在においてはまだ）ない。その一方で、社会的・文化的な意味で「共有」されたり「継承」されたりするものが「記憶」と呼ばれることがあり、本書はそのような意味での「記憶の集合性」も考察の対象としている。第三章での「場所」や「建築」と結びつく記憶でも見たように、人間の記憶を建築的構造を介してイメージすることで、それを利用する記憶術の手法が人々のあいだに広まっただけでなく、その建築物的な記憶イメージは現在においても人々のあいだで共有され、機能している。また、ある場所に蓄積される記憶とも呼ばれうる何かが、時代を超えて私たちに影響を与えるように感じることもある。そのような「場所の力」（あるいは「土地の霊」）はしばしば部族や民族といった集団を束ねる原動力ともなってきた。そして第四章で扱った、過去の出来事を象徴的に託された物品（思い出の品や証言するオブジェクト）のやりとりを通じて、私たちは自分そして他者の過去を想起するだけでなく、個人では抱えきれないものを協働して受け止めて保持し、後世に伝えてゆくことができる。そこでは物品そのものだけでなく、それらを取りまく文脈（コンテクスト）も不可欠であり、それらの品物が伝える「物語」を編む行為が私たちの主体性（アイデンティティ）にとって重要であることを示してくれる。

　では、記憶をめぐる文化を概観する本書での議論をふり返るにあたり、私たちにとって「記憶」とはいったい何なのか、という本書冒頭での問いにはどのように応えるべきだろうか。それは私たちの中でのさまざまな「あいだ」（あるいは「隙間」）をつないで満たすもの、ということもできるだろう。現在と過去をつないで（自覚できている部分とそうでないものも含めて）「私」をまとめあげ、「私」と「あなた」との隔たりを架橋して「私たち」という想像の共同体を立ち上げ、「彼─女─ら」との対立と向き合って、ときにはそれを乗りこえてゆくための手段の一つである。ヒトを「人間」たらしめているものの一つ、といっては大げさかもしれないが、そのような可能性も込めてひとまずのまとめとしたい。

　とくに、大きな災厄などによる喪失の経験については、「失われた大切な人やものはもう戻ってこないのに、なぜ覚えておこうとするのか」ということを、私たち各自が問い続けなくてはならないだろう。第五章でも触れた、つらい記憶は忘れてしまいたいという期待の一方で、思い出すと胸が痛むにもかかわらず、それを忘れずにともに生きてゆこうとする、もはや当人にしか受け入れられない(周囲からの「その気持ち分かるよ……」という軽々な同情も拒む)姿勢である。

本書でも何度か参照してきた小川洋子の『小箱』[*1]には、失われた子どもたちの記憶とともに生きてゆこうとする親たちの姿が描かれている。語り手は廃園となった幼稚園を改装した「何もかもが小振りにできている」(小川『小箱』三)建物に暮らしているのだが、講堂として使われていた広間にはガラスケースが並べられ、そこには子どもに先立たれた親たちが子どもの形見を納めに訪れてくる。

人々はさまざまなものを持ってやって来る。満足に口もきけない幼子なら、おしゃぶり、初めての靴、これの耳を握りながらでないと眠れないウサギのぬいぐるみ。声変わりする前の少年なら、ボードゲーム、九九の暗記表、スナック菓子。女の子ならビーズのセット、お姫様の塗り絵、チロリアンテープ。ハイティーンの若者なら映画俳優の写真、野球のサインボール、ニキビ用の塗り薬……(小川『小箱』二九)

また、そこでときどき開かれる「一人一人の音楽会」では、西風の吹く日の夜に丘に集まった人々が銘々(めいめい)好きな場所にたち、小さな楽器を耳たぶにぶら下げて、風によって奏でられる音に耳を傾け続けるのだが、その極小の楽器は、竪琴の弦が遺髪だったりなど、幼くして亡くなった子どもたちにまつわるものから作られていて、「こんなふうにして演奏者たちは、夜の丘で、死んだ子どもの声と再会した」(二二三)。

そしてこの物語で興味深いのは、死者たちはそのまま成長を止めないかのように親たちが振る舞っていることである。彼―女―たちは時々訪れてガラスケースに声をかけるだけでなく、子どもたちが成長を続けているかのようにその中身を入れ替えたりもする。

新しいお友だちができないとかわいそうだからと言って人形を、そろそろ字を覚える年頃だからと言ってドリルを、成人になったお祝いにとお酒のミニチュアボトルを……。折々、必要なものは変わってくる。お菓子は古くなるし、紙の類は変色する。そのたび彼らは中身を入れ替え、配置を新しくし、ケースを整え直す(三二一)

それが当たり前のように振る舞う親たちの姿は、抑制された怜悧な文体とも相まって、読むものの気持ちを大きく揺さぶる。だが、そこに込められて

(*1)小川洋子『小箱』(朝日新聞出版、二〇一九年)

いる彼―女―たちの喪失感だけでなく、願い、期待、想像の入り交じる気持ちはそう簡単に説明できるものではない。それでも、このような物語の形を通じてこそ描き、伝えられる記憶の叙述(ナラティブ)があることを雄弁に示してくれる。(*2)

私たちは過去を「どのように」覚えておくのか、という記憶の生理学的なメカニズムについては、実験や計測にもとづく自然科学的な分析の精緻さを参照することが不可欠である。そしてそれに加えて、自分にとって心地よいとは言えない、しんどいことをなぜか覚えておこうとしたり、ふと思い出してしまう理由、すなわちそのようなつらい過去を「それにもかかわらず」、「なぜわざわざ」記憶しようとするのか、という自然の摂理の合理性ではうまく説明がつかない点については、人のあいだでの道理や倫理を扱う物語や思索など、人文学的なアプローチを参照することで理解がより深まるように思われる。本書はそのささやかな試みの一つである。

愛する対象が失われてしまったときに私たちは深い悲しみを感じる。それでも、「時間が癒やしてくれる」という表現が示すように、その喪失感がもたらす情動を徐々に制御しながら(忘れるということではなく)、何とか付き合ってゆけるようになることは多い。それは人がもつしなやかな強さと言ってもよいだろう。だがその一方で、喪失の悲しみがいつまでも生々しく思い起こされて、感情の渦に飲み込まれてしまうかのように感じられることもある(たとえば第二章の「身体」で挙げたトラウマのフラッシュバックなど)。

かつてフロイトは喪失を悼む行為に関して、前者の状態を「喪」、後者を「メランコリー」（憂鬱）として両者を関連づけて定義しようと試みた（「喪とメランコリー」一九一五年）[*3]。そして精神分析的治療においては、感情の大きな起伏を伴うメランコリーから、自我のコントロールを何とか取り戻した喪への移行が目標とされていることは見て取れるのだが、フロイトによるこのように明快な両者の弁別が困難なものであることは、彼の後継者たち（ジャック・

（＊2）東北地方の土着的風習「ムカサリ絵馬」がこの小説の着想源の一つだったと小川はインタビューで語っている。未婚のまま亡くなった子どもたちが結婚式を挙げている姿を描いた絵を寺に納めるもので、地域によっては大人の証となる物品を納めるものもあるという。
「そこにはとにかく「死んだ後でも子どもを育てたい」という、親としての底知れない思いの強さがあるんですね。現地でそれを見たとき、人間の究極の喪失感が凝縮されているのを目のあたりにした気がして。強烈に惹きつけられたことが小説の執筆につながりました」https://gendai.ismedia.jp/articles/-/68687
　そして東北という土地柄は、二〇一一年の東日本大震災についての想起と追悼にも考えを馳せずにはいられないが、その点は今後の課題としたい。とくに文学との関連については後述するデリダの「地下墓地(クリプト)」や「憑在論(ひょうざいろん)」（hauntology）にも依拠する木村朗子の『震災後文学論――あたらしい日本文学のために』（青土社、二〇一三年）や『その後の震災後文学論』（青土社、二〇一八年）、『世界文学としての〈震災後文学〉』（明石書店、二〇二一年）などが思索のとば口となってくれるだろう。
（＊3）ジークムント・フロイト「喪とメランコリー」伊藤正博訳（『フロイト全集14』（岩波書店、二〇一〇年）所収）

ラカンやメラニー・クライン、ジャン・ラプランシュなど）によっても示されている。

本書では、私たちと記憶との関わりを理解するために精神分析のモデルもアプローチの一つとして参照しているが、喪失の経験との対峙に関して、もう少し参照してみたい。私たちは愛する対象物の喪失に際しては、それらを想像的に自分のうちに取り込む（「摂取」あるいは「取り込み」（introjection）と呼ばれる）が、やがてそれは自分の一部となってゆく（「体内化」（incorporation））。両者の違いは、想像的にとりこまれた対象が、（その想像の中ではあっても）自律した存在としてとどまるのか、あるいは心の乱されることもなく制御可能な状態で穏やかに心の中に場所を得ているのか、ということもできる。そして（図式的に関連づけておくなら）前者が「メランコリー」、後者が「喪」のプロセスに関わっている。つまり愛する対象が、その記憶が生々しいままに喪失の痛みを抑えきれないほどに荒々しく思い起こさせ続けるのか、あるいはそのような予想外で制御不能な「他者性」を失った（かなり縮減された）ものとして場所を得るのか、という対比である。精神の安定を「健全な状態」として維持することを目指す精神分析においては、主体の不安定さをもたらす「メランコリー」から、それが抑えられた「喪」への段階的な移行が推奨される（フロイトにおいてもメランコリーと喪が、それぞれ「失敗した喪の作業」「喪の作業の完了」とも表される）のは当然でもあるが、そこでは、愛する対象の「他者性」が失われてしまうのではないか、という懸念もおもに哲学の側から投げかけられてもいる。

そのような立場から見れば、喪においては対象がもっていたはずの自律した「他者性」は力を失い、制御可能なものとして体内化され（すなわち自己の一部となって）自我のうちに場所を得ているのだと見なされる。それに対して彼らはむしろ、他者性が尊重され、維持され続けるものとしてメランコリーに積極的な意味を見いだそうとする。ジャック・デリダはそのような「他者」が住まい続ける自己の中の一隅を「地下墓地（クリプト）」[*4]とも形容する。このような態度は、（先ほどの『小箱』の例とも関連づけるならば）対象が失われていることを認めなかったり、まだ存続している（生きている）のだと思い込もうとしたりする姿勢とも異なるように思われる。それは、自分の中に住まう彼―女―らを自律した（活動や成長を続ける）ものとして対話を続けることで生まれる、過去への新たな畏敬と未来への萌芽でもあるだろう。[*5]

（＊4）ニコラ・アブラハムとマリア・トロークによる『狼男の言語標本――埋葬語法の精神分析』（港道隆他訳、法政大学出版局、二〇〇六年）や『表皮と核』（大西雅一郎他訳、松籟社、二〇一四年）へのデリダによる序文および、『他者の耳――デリダ「ニーチェの耳伝」・自伝・翻訳』における、アブラハムとトロークの議論にもとづく発言を参照。また、ジャック・デリダ『雄羊――途切れない対話：二つの無限のあいだの、詩』（林好雄訳、ちくま学芸文庫、二〇〇六年）とその「訳者解説」も参照。

また、それが自分が直接経験していない前世代の記憶となれば、対峙の仕方はより多様なものとなる。「以前と同じあやまちを繰り返さないため」に「後代へと記憶をつなぐ」といった継承の重要性は強調されるべきだが、それもつねに検証と折衝の対象となっている。第五章と第六章でも見たホロコーストの過去についての議論でも、ドイツがユダヤ人たちへの贖罪の意識を喚起し続けている一方で、「もう忘れて、水に流してもよいではないか」という意見も一定数見られることは紹介した。そしてユダヤ人のあいだでも、「想起し続けなくてはならない」あるいは「いつまでも過去に引きずられている必要はない」、という相反する立場が存在することを、アヴィシャイ・マーガリトは母と父のあいだで引き裂かれる子どもに喩える。すなわち、根絶されたユダヤ人は戻ってくることはないのだからユダヤ人である自分たちに残された道は「想起の共同体を形作り、自らを〈魂の蝋燭〉にすること」だと述べる母と、その一方で「私たち、生き残ったユダヤ人は、人間であって蝋燭ではない。死者の思い出の担い手としてのみ生き続けるというのは恐ろしい定め」なのだから、「集団墓地に支配される共同体よりも、主として未来のことを考えて現在に反応する共同体を築いたほうがましだ」という父親である。(*6)

このようなドイツ人のみならずユダヤ人たちのあいだにも見られる意見の対立もふまえながら、アライダ・アスマンがトラウマ的な過去と付き合ってゆくための四つの段階(一・対話的に忘れること、二・決して忘れないために想起すること、三．克服するために想起すること、四．対話的に想起すること）を整備したのは第六章でも見たとおりである。

このような選択と決断は、個人においても、集団においてもつねに私たちに求められるだろう。そのような姿勢の一例として、脳の神経細胞における記憶のメカニズムの研究で二〇〇〇年にノーベル生理学・医学賞を受賞したエリック・カンデルの言葉を紹介したい。ユダヤ系のアシュケナージであった彼は、一九三八年のウィーンでホロコーストを経験したことが知られている。カンデルは『ニューヨーク・タイムズ』のインタビューで記憶を消去する薬の可能性に言及し、それは「悪い考えだ」と述べた後、ホロコーストについての自分の記憶を消したいかと問われれば、否と答えるだろうと述べている。

結局のところ私たちは、自分が経験したものの総体なのですよ。ウィーンでの私の経験を消したいか、ですって？ まさか、それは怖ろしい考えですよ。それが私たちを形成しているのですから(*7)

（*5）より専門的な哲学的考察は、佐藤啓介『死者と苦しみの宗教哲学――宗教哲学の現代的可能性』（晃洋書房、二〇一七年）を参照。
（*6）Margalit, *The Ethics of Memory*. pp. vii-iX.（訳文はアスマン『想起の文化』一九四頁を参照）

自身がホロコーストの当事者でもある、記憶の性質と徹底的に向き合い続けた研究者が力強く発する、すべての経験の記憶を清濁併せ飲むように受け止める言葉は、記憶の不完全さとあいまいさに翻弄され、足元を掘り崩されるような不安に悩まされ続ける私たちを励ましてくれるだろう。

もちろん、本書でも繰り返し提起してきた想起の試みの外側には（あるいはすでにその内側にも）、「忘却」という広大な領野が広がっている。第五章と第六章で見てきたように、忘却の侵攻に対して「何を」「どのように」保持し、伝えてゆくのかという問いには、時代や場所の違いを超越する唯一の正解は存在しないため、各個人あるいは共同体が、ときには失敗しながらその時宜にかなう（と思われる）最適解を模索するしかない。それは終わることのない過去との対話である。

そしていくつかの例でも見たように、記憶をめぐる文化において、過去の事実そのままの叙述が必ずしも最善とは限らないことは、この不完全な記憶に依って立つしかない私たちにとって、むしろ一つの希望でもあるように思われる。それはすなわち、何らかの要因で変容してしまった記憶についての叙述や、あるいは虚実入り交じる物語を立ち上げることで、私たちの（そして彼―女―たちの）記憶をより「リアルに」共有して伝える可能性を真摯に追い求めることへの希望でもある。さまざまな領域が境界を接し合う記憶の研究はまだ端緒についたばかりだ。

（＊7）“A Quest to Understand How Memory Works” https://www.nytimes.com/2012/03/06/science/a-quest-to-understand-how-memory-works.html

また、カンデルによる脳科学の知見を芸術活動と架橋するプロジェクトも興味深いもので、日本語で読めるものには『芸術・無意識・脳——精神の深淵へ：世紀末ウィーンから現代まで』（須田年生・須田ゆり訳、九夏社、二〇一七年）や『なぜ脳はアートがわかるのか——現代美術史から学ぶ脳科学入門』（高橋洋訳、青土社、二〇一九年）がある。

あとがき

本書は記憶をめぐる人文学あるいは文化学への入口として、記憶研究の理念や方法を論じる先行研究も参照しながら、読者が自分自身の記憶の研究成果を積み上げてゆくための事例や基礎的な理論的手法(ツール)を紹介してきた。その主要な一冊として拙訳のアン・ホワイトヘッド『記憶をめぐる人文学』を挙げているが、その「訳者あとがき」でも記憶研究に関する文献をいくつか紹介しているので、本文とも併せて読むことで、記憶研究の概要がより立体的に理解できるだろう。

ここにいたってあらためて振り返ると、自分の独力で書けたのは一文たりともなかった、という脱力感を覚える。だがそれは同時に、巨いなる先人たちの肩を借りて、これからの記憶研究の思索と試作の展望も思い描きながら、何とかまとめることができた、という安堵でもある。本書におけるすべての記述の責任はその拙さも含めて私自身に帰するものであることはいうまでもないが、このような機会だからこそできた、想像上の対話相手でもある彼―女―たちとのセッションへの感謝を述べたい。本文や註で挙げた関連書には、紙幅の関係でタイトルのみの紹介になってしまったものも多い。また本書で取り上げた作品や著述は、必ずしも大作や名作とされる有名なものばかりではないし、それぞれの中での「記憶」というモチーフの扱いの深さ(あるいは浅さ)もさまざまである(巻末の「文献一覧」にはその主要なものを挙げている)。「記憶を扱うならこれにも触れないと」というテーマや「記憶といえばこの作品」というものが他にも多々あるのに拾えていないのは、ひとえに私の力の限界によるものであるが、読者の皆さんが「そういえばこの事例や作品も」と思いついた場合に、関心をもったものにも直接手を伸ばしていただく機会になればと思う。本書が自分独自の記憶研究をはじめるきっかけとなり、成果を交換する「記憶研究のポータルサイト」(portal "site of memory" studies)になってくれればこれほどうれしいことはない。本書ではこれらの著述の力を借りながら、断片的に語られがちだった記憶というモチーフの諸相たちを相互に連環させることを試みたが、私自身今後もここを足場として、軽重大小問わず記憶の人文学に関わる、個別の事例や作品へとさらに深く踏み込んでゆきたいと考えているし、noteやツイッターなどのSNSを利用した成果の発信や読者との意見の共有も模索してゆきたい。

記憶と人文学についての本書をまとめる動因の一つに、じつは筆者自身がイギリスで感じたある居心地の悪さが根底にある。個人的なことではあるが、少しのあいだ語ることをお許しいただきたい。

二〇一八年はイギリスの移民政策にとって一つの節目の年だった。一九四八年に、ジャマイカなどカリブ海域の西インド諸島から一〇〇〇人以上の移民を乗せた船エンパイア・ウィンドラッシュ号がイングランドのティルベリーに入港して、その後のイギリスの多文化化のきっかけとなったのだ[*1]が、その七五年目の節目を迎えた二〇一八年にはウィンドラッシュ号到着を回顧する大小の式典がイギリスの各地で開催されていた。私はイングランド中部のバーミンガムにある小さな教会でおこなわれていた、記念式典(commemoration)を飛び込みで見学していた(恥ずかしながら取材や調査と呼べるほどの事前準備はできていなかった)のだが、そのときふと、「自分は一体ここで何をしているのか」という考えにとらわれて、胆の底が冷える思いをした。西インド諸島をルーツとする、褐色の肌をした彼らが、イギリスに移住してきた第一世代である自分たちの親や祖父母たちの経験を語り、それらを共有する儀式は、記憶の継承という点からも非常に興味深いものである。だが、関係者たちによって構成された想起の現場の生々しさは、その場で唯一の日本人でもある部外者の私が、透明なレンズ(あるいは録音マイク)のような存在で居続けることを許さず、「何のためにここにいるのか」と自問させるほどに強いものだった。以後、その言いしれぬ(気恥ずかしさにも似た)違和感は私にとって、当事者でも関係者でもない者が、それでも誰かの記憶とその継承に関わって調査・研究することの倫理と責任について考える際の礎石となっている。

また、本書では広島の被爆者の記憶の継承に関わる記述も含まれているが、それは私が広島の出身だから、というよりも、広島の出身な**のに**この話題にはこれまであまり関わることができていなかったという後ろめたさによるところの方が大きい。子どもの頃には八月六日に学校に登校して教室で平和記念式典の中継を見て黙祷し、原爆の恐ろしさと平和の大切さについての話を人並みに聞かされていた（それが全国的な習慣ではないと知ったのはずいぶん後になってからのことだが）ものの、やや教条的なその雰囲気と原爆関連映像の視覚的インパクトのために正直なところあまりなじめず、真剣に取り組んでいたとはいいがたい。それでも、その話題は完全に忘れ去られることはなかったようで、（とくに広島を離れてから）見て見ぬ振りをしていることの居心地の悪さを覚えることもあったが、では「どのように関わればよいのか」、はっきりと分からないままでいた。そのような意味では、広島の事例を紹介する本書での記述も、当事者や関係者からは一歩引いた、傍観者（bystander）であった者が、出来事の記憶の継承へと関わってゆく方途を探るステップの一つなのかもしれない。

さて、本書で導入する「記憶の人文学」は誰にでもひらかれていて、今回まとめられた記述はその一例にすぎない。そしてその可能性を私に教えてく

（＊1）ウィンドラッシュ号の到来とその後の英国の多文化化、および文化的な影響については、たとえば浜井祐三子による「多民族・多文化国家イギリス」（『現代世界とイギリス帝国（イギリス帝国と20世紀　第5巻）』（木畑洋一編著、ミネルヴァ書房、二〇〇七年）所収）、「記憶は誰のものか？　多文化社会イギリスにおける「記憶」と「歴史」」（浜井祐三子編『想起と忘却のかたち——記憶のメディア文化研究』（三元社、二〇一七年）所収）や清水知子『文化と暴力——揺曳するユニオンジャック』（月曜社、二〇一三年）を参照。

れたのは、学生たちでもあったように思う。私の勤務先は工業系の大学だが、人文系分野も含む教養科目として「身体論」や「カルチュラル・スタディーズ」を理数系と人文系の教員によるオムニバス形式で開講していて、私も担当回で「記憶」をテーマに、本書でも扱っている「記憶術」や「身体と記憶」を取り上げている。その中で私は学生たちに、「あなたの最初の記憶は？」と聞くことにしている。その多くは幼稚園での出来事、あるいは家族や友人との何気ない日常の断片で、ある程度の類型化も可能なのだろうが、私としては内容だけでなく、それを自分の中から久しぶりに引っ張り出そうと宙をながめる学生たちの真剣な様子が楽しみで、毎回飽きずに問いかけている。

身近にあるものがじつは少しの不思議を秘めていて、さらなる味わい深い学びと思考への入口になるだけでなく、その像は各人各様に育ちうるという、学生たちの姿から得られた期待は本書にも込められている。またその自由さの一方で、記憶という言葉が喚起する印象の多彩さは、ときに議論のすれ違いと対立を生む。それは本書で示してきた事例も例外ではない。これまで「記憶」というテーマに関心を抱き、私が取り組んできた道筋を、極力共有できる形を目指して示してきたが、じつはここまで読んでくれている「あなた」が記憶について思い浮かべるイメージを教えてもらいたいとも思っている。そこには本書での思索に含まれていなかったり、異なったりするものも多くあるだろう。本書がそうした議論を突き合わせるのに活用されることを期待している。さらにその過程で、本書で提示するモデルへの修正・追加がおこなわれてゆくことも願っている。

なお、身近な親しいものが見慣れないものとなる経験については、本文でも少し言及したフロイトの「不気味なもの」[*2]の概念が知られている。一般的には見知らぬ未知のものが不気味ととらえられがちだが、フロイトはそれまで見知っていたはずのものが不気味なものへと転換することもしばしば起こると指摘して、「不気味なものとは、一度抑圧を経て、ふたたび戻ってきた「慣れ親しまれたもの」」(『フロイト全集 17』四二)と定義し、その例として文学作品における分身やドッペルゲンガーを挙げる。その中でドイツ語における「不気味な」(unheimlich)と「慣れ親しんだ」(heimlich)という言葉の意味が対立しあうものでなく、互いの意味も包含しうる相互浸透性を強調しているのだが、両者に含まれる"heim"が「家」や「故郷」を意味していることは、慣れ親しんだ家(故郷(ホーム))から引き離されることによる痛みが語源であるノスタルジア("nostalgia"あるいは"homesick")との関連でも興味深い。

また、一度離れた家(故郷)を自分にとっての懐かしい場所として再発見することもある。『ブラウン神父』シリーズの著者としても知られるイギリスの作家G・K・チェスタトンが一八九六年頃に書いた「家にありて家を恋うる話」

(*2)『フロイト全集 17』須藤訓任、藤野寛訳(岩波書店、二〇〇六年)所収

（“Homesick at Home”）[*3]は、この心性を矛盾の作家として知られる彼らしい形で）よく表している。主人公の男はずっと家族と暮らしてきた白い家以外の場所へ出て行ったことはなかったのだが、我家に戻らなくては、という得体の知れない衝動にとらわれる。そして彼は、長らく一緒に暮らしてきた妻や子が「ここがあなたのうちですよ」というのも聞かず、そこを飛び出してゆく。その後、方々を彷徨した男がようやく見つけた「自分のうち」は、もともと住んでいた白い農家だった、という物語である。もとから家族とともに住んでいた家は、「彼がそこから出ていき、最後にそこに戻ってくるまでは、それは彼の家にはなりえなかった」（一二九）のであり、地球一周の距離を隔てた同じ場所に戻ってくることで、そこがやっと、以前の場所とは似て非なる「彼の家」（一二九）になるという「故郷」および「ノスタルジア」の概念が含むパラドクスをよく描き出している[*4]。

本書は書き下ろしなのだが、議論の一部はこれまでにまとめたもの（先述したような授業の題材や、イギリス文学関連での記述など）から関連する部分を適宜抽出して、修正と補正を加えて議論に組み込んでいる。それぞれ過去のものを目に（あるいは耳に）したことがある方には、「あの話、ここに入れてるの？」と意外に思われるものもあるかもしれないが、以前とは異なった文脈と議論の中での必然的な転用であることをお断りしておく。

たとえば第四章でのレシピの話は、二〇一七年十一月、九州を中心に活動する学術運動家／野良研究者の逆巻しとねさんが主催される「文芸共和国の会」で『記憶をめぐる人文学』を中心とするイベントを北九州で企画していただき、そこで口頭報告したものの一部をまとめた。貴重な機会をつくってくださった逆巻さんにはもちろん、ご一緒した中村美亜さん、浜野志保さん、高橋さきのさんにあらためて感謝申し上げます。

他に、第一章での写真とプルースト、ゼーバルトとの関わりについての記述の原型は、日本英文学会中部支部大会でのシンポジウム『20世紀イギリス文学にみる自己と社会』（二〇一六年十一月）、および日本比較文学会関西支部大会でのシンポジウム『対比・影響・モチーフから読む——カズオ・イシグロ』（二〇一九年七月）で口頭発表したもの、また第三章でのフォースターのくだりは日本ヴァージニア・ウルフ協会のシンポジウム『E・M・フォースター没後半世紀の遺産——ノスタルジア、ヘリテージ、クィア』（二〇二〇年十一月）での発表、第六章でのアライダ・アスマンの概念モデルの紹介は、日本ヴァージニア・ウルフ協会でのワークショップ「カズオ・イシグロ研究——記憶、パ

（＊3）G・K・チェスタトン「家にありて家を恋うる話」（『色とりどりの国』尾崎安、山形和美訳（教文館、一九八七年）所収）

（＊4）故郷から離れることと、そこへ戻りたいという憧憬についてのエッセイ、バルバラ・カッサン『ノスタルジー』（馬場智一訳、花伝社、二〇二〇年）は、オデュッセウスの物語も取り上げており、ジョルジュ・デ・キリコのユニークな絵画「オデュッセウスの帰還」にも言及している。

ブリック、グローバル」（二〇一九年七月）での発表の一部である。

本書執筆の過程で現れてきた、今後さらに進めてゆきたい課題もある。先述したウィンドラッシュ号の記念式典にも関わって、イギリスも含めた各地での移民たちの記憶の継承や難民文学の可能性は今後展開させてゆければとも思っている。ただし、これは大きなテーマで私一人では到底まとめられないので、協働での研究が必要だとも感じている。

そして、本書で紹介してきた記憶の継承については、具体的な事例をさらにまとめて、関連づけてゆくことも必要であろう。第二章で取り上げた湯澤規子の書籍のタイトル「7袋のポテトチップス」とは、筆者の湯澤が経験した自分の子どもとその友人たちにまつわる、あるエピソードを指していて、七つのポテトチップスが並べられるに至った経緯とその後に彼女が取った行動は非常に示唆的に映る。彼女はそのエピソードを、現代における「個食」あるいは「孤食」の問題と関連づけていて、この孤別化がさらに加速することが予測される将来における、食も含めた「共」の再考を促しているのだが[*5]、この問題提起は、私たちにとっては、記憶の「共」の問題も同様であることも喚起する。記録技術が飛躍的に発展する現代だからこそ、「正確な記録」とは別様の記憶を共有して、次世代へとつなぐための新たな方策が、これからますます必要となるだろう。

また第二章の幻肢（痛）のくだりを執筆中に、メルヴィル『白鯨』での義肢を取り上げた堀内正規『「白鯨」探求』のことを知り、本章の議論とも密接に関連するものと思われるので、註として急遽組み入れた（文献を紹介いただいた小鳥遊書房の高梨治さんに感謝申し上げます）。現在の私の力量が、巨大な『白鯨』も含めてこの主題を本格的に論じるには及ばないため、今回は議論の紹介のみになってしまったが、身体の欠損や義肢あるいは幻肢が、自己の感覚の縮退どころかむしろ拡張へとつながる可能性は、欠損前の身体の記憶との関連性からも重要なテーマなので、今後の課題の一つとしたい。

本書をまとめてゆくにあたり、これまでの知人、友人、同僚、先輩、同輩、後輩とのやりとり（記憶に直接関わるものでなくても）の中で得られた気づきも多い。また「彼（女）ならどう考えるだろうか」という想像的対話が行き詰まった筆の突破口になったこともある。これまでの多くの出逢いにも感謝。そして、十ヵ月のイギリス滞在も含めて、先行きの見えない学生生活を長く続けさせてくれた両親にも。前訳書出版時に「ぼくらにも読める本を書いてよ」と（やや挑戦的に）言って本書を書き進める元気をくれた息子や、私が何気なく読んでいた本を「それ、結局記憶の話だよね」と橋渡ししてくれた娘、どこに行き着くか分からない私の雑多な話をいつも辛抱強く聞いてくれる聡

（＊5）この点については、藤原辰史『縁食論——孤食と共食のあいだ』（ミシマ社、二〇二〇年）や土井善治・中島岳志『料理と利他』（ミシマ社、二〇二〇年）も参考になる。

い妻にも、あらためて「ありがとう」を。そして至上の触り心地（テクスチャー）でいつも癒やしてくれる我が家のまったき他者である猫の元気にも。

小鳥遊書房の高梨さんには『記憶をめぐる人文学』の翻訳以来、再びお世話になりました。「日本語で読める記憶研究の入門書を書いてみたい」と言ってはみたものの、なかなかまとめられず、「やるやる詐欺」になりかけていた私を、見守るだけでなく関連する話題で刺激し続けてくださったおかげで何とか形にできました。具体的な構成や表記、加筆についての的確なアドバイスも大変ありがたかったです。

これを書いている現段階では、世界は感染症の大きな渦の中にある。いまこれを読んでくれている人の時代の情勢がどうなっているのか、私にはまったく予想もつかない。ただ、これまでも「絶対に忘れられない」という出来事の記憶や、「忘れないを忘れない」という思いの多くが洗い流され、「忘れたことを忘れてきた」ように、忘却の波が思いのほか強力であることは想い起こしておいた方がよいだろう。一七世紀に伝染病の流行したロンドンを活写したダニエル・デフォーの『ペストの記憶』(*6)の末尾には、ペスト収束後には楽天的になり、それまでの出来事を忘れはじめた人々の様子も描かれている。感染力が全体的に弱まってきて危機意識が低下したため、さまざまな症状の出ている人が近くにいても、人々は恐れることなくそのそばを通るようになっていた。「ほんの一週間前には、このどれを見ても、心の底から震え上がったというのに」（デフォー 三一八）である。語り手は「市民のあいだで感謝の思いが褪せ、昔の悪い習慣がなにからなにまで戻ってしまった」（三一八）ことを嘆きながら筆を置いている。このパンデミックの現状が「そういえば、そんなこともあったなぁ」と振り返られるようになっていればと願う一方、この状況が後世においてどのような「記憶」となっているのかも、記憶研究に関わる者としては関心がある。あなたも自分の周りを見渡してみて、「この状況の何を覚えて、何を忘れるのか」、そう自問したときにはもう記憶の研究に足を踏み入れているのである。

二〇二一年三月

著者

（＊6）ダニエル・デフォー『ペストの記憶』（武田将明訳、研究社、二〇一七年）

文献一覧

※本文中で言及した文献から主要なものを挙げた。

ハンナ・アーレント『全体主義の起源3　全体主義』（大久保和郎・大島かおり訳、みすず書房、一九八一年）
饗庭孝男『故郷の廃家』（新潮社、二〇〇五年）
アライダ・アスマン『想起の文化――忘却から対話へ』（安川晴基訳、岩波書店、二〇一九年）
モーリス・アルヴァックス『記憶の社会的枠組み』（鈴木智之訳、青弓社、二〇一八年）
――『集合的記憶』（小関藤一郎訳、行路社、一九八九年）
フランセス・イェイツ『記憶術』（玉泉八州男訳、水声社、一九九三年）
カズオ・イシグロ『浮世の画家［新版］』（飛田茂雄訳、ハヤカワepi文庫、二〇一九年）
――『特急二十世紀の夜と、いくつかの小さなブレークスルー　ノーベル文学賞受賞記念講演』（土屋政雄訳、早川書房、二〇一八年）
――『忘れられた巨人』（土屋政雄訳、ハヤカワepi文庫、二〇一七年）
――『わたしを離さないで』（土屋政雄訳、ハヤカワepi文庫、二〇〇八年）
石田英敬、東浩紀『新記号論』（ゲンロン、二〇一九年）
伊藤亜紗『記憶する体』（春秋社、二〇一九年）
ハラルト・ヴァインリヒ『《忘却》の文学史』（中尾光延訳、白水社、一九九九年）
ベッセル・ヴァン・デア・コーク『身体はトラウマを記録する』（柴田裕之訳、紀伊國屋書店、二〇一六年）
アストリッド・エアル（Astrid Erll）*Memory in Culture*（Palgrave Macmillan, 2011）

ジョージ・オーウェル『一九八四年』（高橋和久訳、ハヤカワepi文庫、二〇〇九年）
小川洋子『小箱』（朝日新聞出版、二〇一九年）
――『密やかな結晶』（講談社、一九九四年）
――『猫を抱いて象と泳ぐ』（文藝春秋、二〇〇九年）
織守きょうや『記憶屋』（角川文庫、二〇一五年）
バルバラ・カッサン『ノスタルジー』（馬場智一訳、花伝社、二〇二〇年）
加藤久仁生（監督）『つみきのいえ』（二〇〇八年）
キャシー・カルース編『トラウマへの探究―証言の不可能性と可能性』（下河辺美知子訳、作品社、二〇〇〇年）
キャシー・カルース『トラウマ・歴史・物語――持ち主なき出来事』（下河辺美知子訳、みすず書房、二〇〇五年）
川端康雄『増補　オーウェルのマザー・グース――歌の力、語りの力』（岩波現代文庫、二〇二一年）
エリック・R・カンデル、ラリー・R・スクワイア『記憶の仕組み』（上下巻、小西史朗訳、講談社ブルーバックス、二〇一三年）
カルロ・ギンズブルグ『神話・寓意・徴候』（竹山博英訳、せりか書房、一九八八年）
アネット・クーン『家庭の秘密――記憶と創造の行為』（西山けい子訳、世界思想社、二〇〇七年）
桑木野幸司『記憶術全史――ムネモシュネの饗宴』（講談社選書メチエ、二〇一八年）
ミラン・クンデラ『笑いと忘却の書』（西永良成訳、集英社文庫、二〇一三年）

小泉恭子『メモリースケープ』（みすず書房、二〇一三年）
幸田文「台所のおと」（青木淳［選］『建築文学傑作選』（講談社文芸文庫、二〇一七年）所収）
ポール・コナトン『社会はいかに記憶するか――個人と社会の関係』（芦刈美紀子訳、新曜社、二〇一一年）
佐藤啓介『死者と苦しみの宗教哲学――宗教哲学の現代的可能性』（晃洋書房、二〇一七年）
塩田伊津子『E・M・フォースターと「場所の力」』（彩流社、二〇一一年）
柴崎友香『千の扉』（中央公論新社、二〇一七年）
――『その街の今は』（新潮文庫、二〇〇九年）
――「春の庭」（『春の庭』（文春文庫、二〇一四年）所収）
――『百年と一日』（筑摩書房、二〇二〇年）
霜鳥慶邦『百年の記憶と未来への松明』（松柏社、二〇二〇年）
ダニエル・シャクター『なぜ、「あれ」が思い出せなくなるのか』（春日井晶子訳、日経ビジネス人文庫、二〇〇四年）ジュリア・ショウ『脳はなぜ都合よく記憶するのか』（服部由美訳、講談社、二〇一六年）
カーラ・デ・シルヴァ（Cara De Silva (ed.)）*In Memory's Kitchen: A Legacy from the Women of Terezin* (Jason Aronson, 2006)
新海誠（監督）『君の名は。』（二〇一六年）
ジョナサン・スウィフト『ガリバー旅行記』（山田蘭訳、角川文庫、二〇一一年）
鈴木博之『東京の地霊』（ちくま学芸文庫、二〇〇九年）
鈴木道彦『プルーストを読む――『失われた時を求めて』の世界』（集英社新書、二〇〇二年）

スーザン・スチュワート（Susan Stewart）*On Longing: Narratives of the Miniature, the Gigantic, the Souvenir, the Collection*（Duke UP, 1983）
ステファニー・ラヴェット・ストッフル『「不思議の国のアリス」の誕生』（笠井勝子訳、創元社、一九九八年）
ベルナール・スティグレール『偶有からの哲学――技術と記憶と意識の話』（浅井幸夫訳、新評論、二〇〇九年）
――『時間と技術』（全三巻、石田英敬監修、法政大学出版局、二〇〇九―二〇一三年）
W・G・ゼーバルト『アウステルリッツ』（鈴木仁子訳、白水社、二〇〇三年）
スーザン・ソンタグ『写真論』（近藤耕人訳、晶文社、一九七九年）
田賀井篤平『はじける石・泡立つ瓦　蘇る石の記憶――ヒロシマ・ナガサキ』（智書房、二〇二〇年）
高橋哲哉『記憶のエチカ――戦争・哲学・アウシュヴィッツ』（岩波書店、一九九五年）
高山宏『近代文化史入門――超英文学講義』（講談社学術文庫、二〇〇七年）
田尻芳樹・秦邦生編『カズオ・イシグロと日本――幽霊から戦争責任まで』（水声社、二〇二〇年）
田尻芳樹・三村尚央編『カズオ・イシグロ『わたしを離さないで』を読む』（水声社、二〇一八年）
田中純『過去に触れる――歴史経験・写真・サスペンス』（羽鳥書店、二〇一六年）
――『都市の詩学――場所の記憶と徴候』（東京大学出版会、二〇〇七年）
ニコラス・チェア『アウシュヴィッツの巻物――証言資料』（二階宗人訳、みすず書房、

二〇一九年）
G・K・チェスタトン「家にありて家を恋うる話」（『色とりどりの国』（尾崎安、山形和美訳、教文館、一九八七年）所収）
テッド・チャン「偽りのない事実、偽りのない気持ち」（『息吹』（大森望訳、早川書房、二〇一九年）所収）
筒井均『E・M・フォースターと「土地の霊」』（英宝社、一九八三年）
筒井康隆『残像に口紅を』（中公文庫、一九九五年）
フレッド・デーヴィス『ノスタルジアの社会学』（間場寿一他訳、世界思想社、一九九〇年）
ダニエル・デフォー『ペストの記憶』（武田将明訳、研究社、二〇一七年）
ジャック・デリダ『エクリチュールと差異』（合田正人他訳、法政大学出版局、二〇一三年）
コナン・ドイル『緋色の研究』（延原謙訳、新潮文庫、一九九八年）
イーフー・トゥアン『空間の経験』（山本浩訳、ちくま学芸文庫、一九九三年）
バーバラ・トヴェルスキー『Mind in Motion――身体動作と空間が思考をつくる』（渡会圭子訳、森北出版、二〇二〇年）
フリードリッヒ・ニーチェ「生に対する歴史の利害について」（『反時代的考察』（小倉志祥訳、ちくま学芸文庫、一九九三年）所収）
マーク・ニクソン『愛されすぎたぬいぐるみたち』（金井真弓訳、オークラ出版、二〇一七年）
ピエール・ノラ『記憶の場　第一巻』（谷川稔訳、岩波書店、二〇〇二年）
マリアンヌ・ハーシュ（Marianne Hirsch）*Family Frames: Photography Narrative and Postmemory* (Harvard UP, 2012)

——*The Generation of Postmemory* (Columbia UP, 2012)
ジュディス・バトラー『戦争の枠組——生はいつ嘆きうるものであるのか』（清水晶子訳、筑摩書房、二〇一二年）
浜野志保『写真のボーダーランド——X線・心霊写真・念写』（青弓社、二〇一五年）
トマス・ハリス『ハンニバル　下巻』（高見浩訳、新潮文庫、二〇〇〇年）
ロラン・バルト『明るい部屋——写真についての覚書』（花輪光訳、みすず書房、一九八五年）
トッド・ファインバーグ、ジョン・M・マラット『意識の神秘を暴く』（鈴木大地訳、勁草書房、二〇二〇年
E・M・フォースター『ハワーズ・エンド』（小池滋訳、みすず書房、一九九四年）
福岡伸一『生命と記憶のパラドクス』（文春文庫、二〇一五年）
ブラッサイ『プルースト／写真』（上田睦子訳、岩波書店、二〇〇一年）
プラトン『テアイテトス』（田中美知太郎訳、岩波文庫、二〇一四）
マルセル・プルースト『失われた時を求めて　1　第一篇　スワン家の方へI』（鈴木道彦訳、集英社文庫、二〇〇六年）
——『失われた時を求めて　12　第七篇　見出された時I』（鈴木道彦訳、集英社文庫、二〇〇七年）
ジークムント・フロイト「精神分析における無意識概念についての若干の見解」須藤訓任訳（『フロイト全集　12』（岩波書店、二〇〇九年）所収）
——「不気味なもの」須藤訓任訳（『フロイト全集　17』（岩波書店、二〇〇六年）所収）
——「「不思議のメモ帳」についての覚え書き」太寿堂真訳（『フロイト全集　18』（岩波

書店、二〇〇七年）所収）
――「喪とメランコリー」伊藤正博訳（『フロイト全集14』（岩波書店、二〇一〇年）所収）
アンリ・ベルクソン『物質と記憶』（合田正人、松本力訳、ちくま学芸文庫、二〇〇七年）
ヴァルター・ベンヤミン『図説　写真小史』（久保哲司訳、ちくま学芸文庫、一九九八年）
――「一九〇〇年頃のベルリンの幼年時代」浅井健二郎訳（『ベンヤミン・コレクション3』（浅井健二郎編訳、ちくま学芸文庫、一九九七年）所収
――「発掘と追想」岡本和子訳（『ベンヤミン・コレクション 6』（浅井健二郎編訳、ちくま学芸文庫、二〇一二年）所収）
――「物語作者」三宅晶子訳（『ベンヤミン・コレクション2』浅井健二郎編訳（ちくま学芸文庫、一九九六年）所収）
アンドレアス・ホイスン（Andreas Huyssen）*Twilight Memories*(Routledge, 1995)
堀内正規『「白鯨」探求――メルヴィルの〈運命〉』（小鳥遊書房、二〇二〇年）
ホルヘ・ルイス・ボルヘス「記憶の人フネス」（『伝奇集』（鼓直訳、岩波文庫、一九九三年）所収）
アン・ホワイトヘッド『記憶をめぐる人文学』（三村尚央訳、彩流社、二〇一七年）
アヴィシャイ・マーガリト（Avishai Margalit）*The Ethics of Memory* (Harvard UP, 2002)
南谷奉良「洞窟のなかの幻想の怪物」（『幻想と怪奇の英文学Ⅳ』（東雅夫、下楠昌哉編　春風社、二〇二〇年）所収）
宮下奈津『羊と鋼の森』（文藝春秋、二〇一五年）
村上春樹『ノルウェイの森』（上下巻、講談社文庫、二〇一四年）

――――「物語の善きサイクル」（『雑文集』（新潮社、二〇一一年）所収

モーリス・メルロ＝ポンティ『知覚の現象学』（中島盛夫訳、法政大学出版局、二〇一五年）

山名淳（Jun Yamana）"Catastrophe, Commemoration and Education: On the Concept of Memory Pedagogy," *Educational Philosophy and Theory*, Vol. 52, Issue 13(2020), pp. 1375-1387.

山本貴光『記憶のデザイン』（筑摩選書、二〇二〇年）

弓狩匡純『平和のバトン――広島の高校生たちが描いた8月6日の記憶』（くもん出版、二〇一九年）

湯澤規子『7袋のポテトチップス――食べるを語る、胃袋の戦後史』（晶文社、二〇一九年）

四方田犬彦、今福龍太他編『ノスタルジア　世界文学のフロンティア4』（岩波書店、一九九六年）

ピーター・ラヴィーン『トラウマと記憶――脳・身体に刻まれた過去からの回復』（花丘ちぐさ訳、春秋社、二〇一七年）

ポール・リクール『記憶・歴史・忘却』（上下巻、久米博訳、新曜社、二〇〇四―二〇〇五年）

――――『時間と物語』（全三巻、久米博訳、新曜社、二〇〇四年）

ケン・リュウ「紙の動物園」（『ケン・リュウ短篇傑作集1　紙の動物園』（古沢嘉通編訳、早川書房、二〇一七年）所収）

アンリ・ルソー『過去と向き合う――現代の記憶についての詩論』（剣持久木他訳、吉田書店、二〇二〇年）

マイケル・ロスバーグ（Michael Rothberg）*Multidirectional Memory* (Stanford UP,

2009)
——*The Implicated Subject* (Stanford UP, 2019)
安川晴基「ホロコーストの想起と空間実践」（『思想』二〇〇五年八月号所収）
鷲田清一『現代思想の冒険者たち　メルロ＝ポンティ』（講談社、一九九七年）

◉マ行

◉ラ行

◉ワ行

◉タ行

◉ナ行

◉ハ行

◉サ行

◉ワ行

【事項】

◉ア行

◉カ行

◉ヤ行

◉ラ行

◉マ行

◉ハ行

◉タ行

◉ナ行

◉サ行

◉カ行

索　引

※人名、作品名、事項を五十音順に記した。
作品名は作家ごとにまとめてある。

【人名＋作品名】

◉ア行

【著者】

三村尚央

（みむら　たかひろ）

千葉工業大学教授（工学部教育センター）
1974年、広島県生まれ。広島大学大学院文学研究科博士過程後期修了。
関心分野はイギリス文学（カズオ・イシグロなど）および記憶の文化。
訳書にアン・ホワイトヘッド『記憶をめぐる人文学』（彩流社）、
ヴォイチェフ・ドゥロンク『カズオ・イシグロ　失われたものへの再訪』（水声社）
編著・共著に『カズオ・イシグロの視線』（作品社）、
『カズオ・イシグロ『わたしを離さないで』を読む』（水声社）、
『カズオ・イシグロと日本』（水声社）など
記憶やノスタルジアから見た文化研究の領域を模索しながら渉猟中。

記憶（きおく）と人文学（じんぶんがく）

忘却（ぼうきゃく）から身体（しんたい）・場所（ばしょ）・もの語（がた）り、そして再構築（さいこうちく）へ

2021年5月31日　第1刷発行

【著者】
三村尚央

発行者：高梨 治
発行所：株式会社**小鳥遊（たかなし）書房**
〒102-0071　東京都千代田区富士見1-7-6-5F
電話 03 (6265) 4910（代表）／FAX　03 (6265) 4902
http://www.tkns-shobou.co.jp

装幀　久留一郎デザイン室
印刷　モリモト印刷株式会社
製本　株式会社村上製本所

ISBN978-4-909812-59-9　C0090